AF460235

OLINDE ET SOPHRONIE,

DRAME HÉROÏQUE

EN CINQ ACTES ET EN PROSE;

Par M. MERCIER.

A PARIS,

Chez LE JAY, Libraire, rue Saint Jacques, au-dessus de celle des Mathurins, au Grand Corneille.

M. DCC. LXXI.

Avec Approbation & Permission du Roi.

PRÉFACE.

Ce sujet est tiré de l'admirable épisode qui se trouve au second Chant de la Jérusalem délivrée. Ce Poëme enchanteur où le Tasse a développé toute la magie de son art, où l'intérêt toujours plus vif croît par degrés, où les personnages habilement peints n'en sont pas moins variés, sembloit devoir fournir plusieurs sujets à la Tragédie moderne. On n'y a puisé jusqu'ici que des Opera. Cependant la noblesse, la fierté & la nouveauté des caracteres prêtoit beaucoup, si je ne me trompe, au pinceau des Poëtes dramatiques. Etonné qu'aucun d'eux n'ait saisi l'héroïque dévouement d'Olinde & de Sophronie, je me suis emparé de ce sujet attendrissant ; & si j'ai eu plusieurs difficultés à vaincre, j'en ai été bien dédommagé par le plaisir secret d'abandonner mon cœur à la situation touchante de ces deux amans.

Comme le Poëme du Taſſe eſt entre les mains de tout le monde, je ſuis diſpenſé de tranſcrire ici l'épiſode qui a donné lieu à ce drame; mais j'ai à rendre compte des changemens que j'ai jugés indiſpenſables pour donner à ce ſujet une vraiſemblance plus théâtrale.

C'eſt l'enlévement de l'image de la Vierge Marie, dépoſée dans la Moſquée comme un Taliſman victorieux par les conſeils du Magicien Iſmen qui allume la colere d'Aladin & le porte à publier un Edit terrible. On recherche l'Auteur de cet enlévement, & comme on ne peut le découvrir, tout le peuple Chrétien renfermé dans les murs de Jéruſalem doit tomber indiſtinctement ſous le fer des bourreaux. La généreuſe Sophronie pour ſauver un peuple malheureux, s'accuſe elle-même & ſe livre au ſupplice. J'ai penſé que l'image de la Vierge Marie étoit un objet trop ſacré, trop auguſte, trop vénérable pour entrer dans le plan d'une Piece de

Théâtre, qui (quelque effort que l'on faſſe) ne ſera jamais qu'un ouvrage profane. J'ai imaginé un autre moyen que je crois heureux & qui m'a ſervi en même tems à donner à Iſmen un rôle plus adroit, plus fort, plus audacieux, & de toute autre importance que celui qu'il joue dans la Jéruſalem délivrée.

M. le Baron de Cronegk, Poëte Allemand, mort à vingt-ſix ans, & juſtement regretté dans ſon pays, a fait une Tragédie d'Olinde & Sophronie. Je m'en ſuis procuré la traduction. La Piece eſt en quatre Actes & n'a point été achevée. Je ne me permetttai qu'une réflexion. Le Poëte a introduit l'enlevement de l'image de la Vierge. Il a encore plus haſardé. Il a rendu Olinde coupable de cette action téméraire, ce qui, ſelon moi, détruit toute la nobleſſe du caractere de ſon Héros. En effet, en préſentant ce jeune homme d'ailleurs ſi intéreſſant, ſi aimable, ſi courageux, comme un fanatique emporté qui riſque imprudemment ſa vie & celle de tout un Peuple ; on affoiblit visiblement un des plus beaux caracteres qu'on puisse mettre sur la Scène. Ce n'est plus un Amant ; c'est un insensé tristement furieux. Il est à remarquer que chez le Tasse Olinde ni Sophronie ne sont coupables. L'un ne vient s'offrir au supplice que pour sauver son Amante, & ce motif admirable est bien différent. Malgré ce défaut il est plusieurs beautés répandues dans la Tragédie du Baron de Cronegk. J'ai su en enrichir ma Piece. En cela j'ai imité tous les Poëtes mes prédécesseurs qui ont glané tantôt chez les anciens, tantôt chez leurs voisins ; j'ai cru pouvoir user du même privilege. Les étrangers se l'attribuent sur nos Auteurs avec usure. D'ailleurs le plan de mon Drame, les moyens qui y sont employés, les caracteres qui y sont développés, les détails s'éloignent presque en tout de la Piece Allemande. Le même Poëte avoit fait depuis un Codrus, Tragédie bien supérieure à Olinde & Sophronie, mais dont le sujet est encore plus romanesque. C'est un Roi qui se sacrifie pour son peuple.

Les Comédiens qui, chez l'Étranger & dans plusieurs de nos provinces, ont représenté *Jenneval* & le *Déserteur*, pourront essayer ce nouveau Drame. Il pourra faire aussi quelque effet ; mais je les invite en même tems à ne point mutiler ces Pieces sous prétexte d'y faire ce qu'ils appellent des *coupures*. Ils peuvent me consulter sur les changemens qui leur paroîtront nécessaires ou plus commodes ; je ne refuserai point alors de m'y prêter.

PERSONNAGES.

ALADIN, Roi de Jérusalem.

CLORINDE, Princesse de Perse.

OLINDE, jeune Guerrier.

SOPHRONIE, jeune Chrétienne.

ISMEN, Grand-Prêtre.

NICEPHORE, Pere d'Olinde.

SERENA, jeune Chrétienne, amie de Sophronie.

ARSETTE, vieil Eunuque, ancien Gouverneur de Clorinde.

Suite d'ALADIN.

Suite de CLORINDE.

Suite d'ISMEN.

La Scene est à Jérusalem.

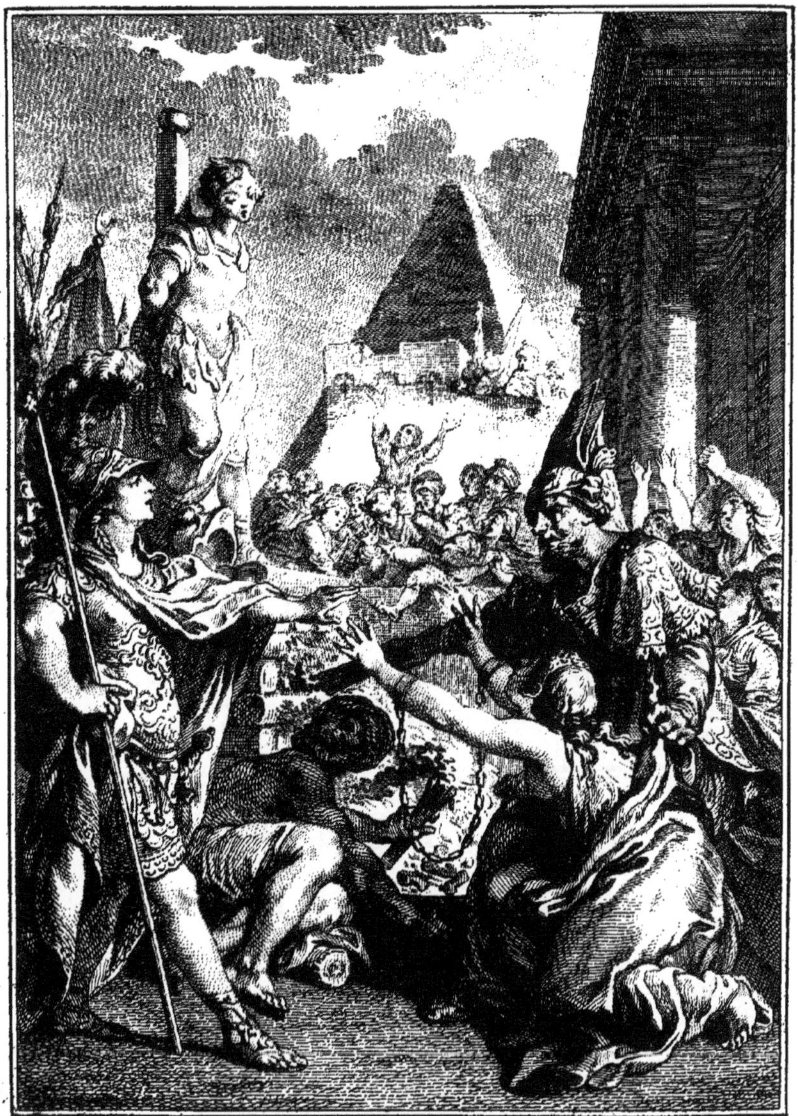

C. P. Marillier inv. *A. J. Duclos Sculp. 1772.*

OLINDE ET SOPHRONIE,

DRAME HÉROÏQUE.

ACTE PREMIER.

Le Théâtre représente une Place ; d'un côté la Mosquée, de l'autre le Palais d'Aladin.

SCENE PREMIERE.

NICEPHORE.

TRISTE Jérusalem, ô ma patrie ! qu'est devenue ta gloire ? Mes yeux ont peine à te reconnoître : est-ce-là cette Ville, la Reine des Cités ! Tes murs solitaires portent l'empreinte du courroux d'un Dieu.... Dieu t'a rejettée, il n'entend plus tes prieres, il ne reçoit plus tes ſacrifices........ L'infidele triomphe ; il arbore l'étendart du Croiſſant ſur ces mêmes remparts où j'ai vu briller le ſigne auguſte de la Croix..... Ici regne Aladin ; ici s'éleve la Moſquée ſur les débris du Saint Temple. Sa coupable hauteur appelle envain la foudre, la foudre reſte oiſive & le perfide Iſmen fait fumer en paix un ſacrilege encens. ... Grand Dieu ! guide un malheureux vieillard qui fut toujours ſoumis à ta loi..... Olinde va bien-tôt ſe rendre ici..... Il ne ſait pas que c'eſt moi qui l'appelle..... Après quatre années d'abſence & d'eſclavage, le pere & le fils vont enfin s'embraſſer..... Mais quel ſoupçon vient empoiſonner ma joie ! Ce grade où je le retrouve... Auroit-il abjuré la foi de nos ancêtres ! Cette Cour qui corrompt tout, cette Cour odieuſe auroit-elle ſéduit ſon cœur, ſurpris ſa jeuneſſe.... ô mort ! frappe-moi plutôt..... Mais s'il eſt demeuré fidele, s'il reconnoit toujours ce Dieu qui nous éprouve, arrête quelques inſtans, ô mort ! laiſſe-moi le revoir, l'embraſſer, le bénir..... J'apperçois un guerrier. Mon cœur tu le nommes. Oui, c'eſt lui !

SCENE II.

NICEPHORE, OLINDE.

OLINDE.

RESPECTABLE vieillard, eſt-ce vous qui m'avez fait appeller en ces lieux ?

NICEPHORE.

Olinde ! .... Mon fils ! ....

OLINDE.

Mon pere vivant ! Mon pere dans mes bras !

NICEPHORE.

Soutiens-moi, ſeul appui de ma vieilleſſe.

OLINDE.

J'ai pleuré votre mort, & je vous retrouve ! & je vous preſſe ſur mon ſein !

NICEPHORE, *ſe dégageant de ſes bras & d'un ton noble & impoſant.*

Olinde, avant tout, réponds à ton pere. .... Hélas ! il tremble en t'interrogeant. Dis ... As-tu conſervé pure & ſainte la foi que j'ai tranſmiſe dans tes veines ? Parle, le Dieu de nos Peres eſt-il encore le tien ?

OLINDE, *avec fermeté.*

Je ſuis toujours votre fils.

NICEPHORE, *l'embrassant.*

Tu me rappelles à la vie. D'un ſeul mot tu diſſipes quatre années de tourmens. Dieu, contemple ma joie, Olinde eſt Chrétien! Mon fils, pardonne à mes ſoupçons! Dans ces tems malheureux tout céde à la puiſſance du vainqueur. Je te voyois à la Cour d'Aladin, honoré, comblé de ſes faveurs. Ton zèle pouvoit ſe ralentir. Sa magnificence pouvoit ébranler ta vertu....

OLINDE.

Jamais.... Elle étoit ſoutenue par votre exemple, affermie par votre image. A peine vous aviez formé mon corps aux robuſtes travaux de la guerre, & mon ame à l'amour d'une Loi ſainte, que je fus forcé de ſuivre les drapeaux du puiſſant Aladin. Je marchai contre les Arabes. Remarqué dans la foule des combattans, Aladin me combla de bienfaits. Mon élevation me devint chere, elle me donnoit les moyens de ſoulager le joug de mes freres gémiſſans. Ma voix les a toujours défendus. J'ai plus d'une fois eſſuyé leurs larmes. Je me diſois; mon pere eſt deſcendu dans la tombe, mais il m'a laiſſé pour héritage l'exemple de ſa vie. J'honorerai ſa mémoire en ſervant la cauſe de nos ancêtres.

NICEPHORE.

Elle eſt juſte, mon fils, & crois-moi, tôt ou tard elle obtiendra la victoire.

OLINDE.

Mais, mon pere, vous que je croyois enlevé

pour jamais à ma tendresse, par quel miracle êtes-vous rendu aux Chrétiens?

NICEPHORE.

Tu m'as vu leur chef, leur consolateur, & peut-être leur appui; mais que sert la bravoure sans le bras du Tout-Puissant? Lui seul fait pancher la balance des combats.... Nous fûmes vaincus. Emporté dans la déroute, une foule barbare appésantit sur moi ses mains forcenées; à leur tête je reconnus l'implacable Ismen. Il se vengeoit encore des maux qu'il nous avoit faits. Il ordonne, & l'on me charge de chaînes. On m'entraîne loin de Jérusalem; on m'enferme dans une sombre forteresse. Là, ma triste paupiere loin du Soleil, poursuivoit une fugitive clarté qui redoubloit l'horreur des cachots où j'étois plongé.

OLINDE.

Cruels!.... Que je touche ces mains cheres & sacrées; que je baise l'empreinte glorieuse de vos fers!

NICEPHORE.

Je serois passé de cette nuit affreuse dans celle des tombeaux, si cette armée Chrétienne, qui s'avance pour chercher la victoire ou la mort n'eût brisé mes chaînes. A peine me suis-je vu libre que ce cœur a revolé vers toi. Mon fils! tu m'accompagnois dans ces prisons souterraines; j'y vivois avec ton image, elle ranimoit mon cœur, elle charmoit mes profonds ennuis... Mon zèle n'est arrêté par aucun obstacle. Proscrit, je haſarde ma tête, j'arrive à Jéruſalem. J'entends partout vanter ton courage ; j'apperçois tes trophées..... Je n'oſois demander eſt-il Chrétien ? mais tu l'es, tu m'entends, viens, ... à tant de bras vengeurs il ne manque plus que le tien.

OLINDE.

Epargnez à votre fils des reproches qu'il mérite, ou plutôt pere moins indulgent, que votre bouche le foudroie.... Quoi ! Je ſuis encore ici, au milieu des Sarraſins, près de cette Moſquée, & je n'ai pas quitté un Maître idolâtre, & je n'ai pas rejoint cette armée qui a briſé vos fers.... Ah mon pere ! ce bras n'eſt plus à Aladin. J'ai ſu accorder les devoirs des combats avec ceux de ma Religion, & lorſque ces honneurs, que je ne cherchois pas, ſont venus me ſurprendre, c'eſt alors que j'ai ſenti combien il eſt cruel de diſſimuler.

NICEPHORE.

Tu l'as dû, mais voici le tems où tu manifeſteras le ſang qui t'a fait naître. Nous irons enſemble nous ranger ſous ces drapeaux qui annoncent de loin à Jéruſalem ſa prochaine délivrance. Dès ce ſoir, à l'ombre de la nuit, à la faveur de ton rang....

OLINDE.

Je vous ſuivrai, je le dois, je le jure, mais.... mon cœur ſe déchire en promettant d'accompagner vos pas.

NICEPHORE, *étonné.*

Que dis-tu? Qui t'arrêteroit?

OLINDE.

Il n'est rien de plus cher à mon ame que la Religion. Il n'est rien de plus sacré pour votre fils, & cependant.... (*Il pleure.*)

NICEPHORE.

Quel langage!.... Olinde!.... Quelles sont ces larmes?.... Ah! si elles ne sont pas coupables, viens les épancher dans mon sein. A quel autre qu'un pere peux tu mieux les confier?

OLINDE.

La source de ces larmes est dans ce cœur blessé. Un sentiment profond y est gravé en traits ineffaçables. Envain je me rappelle à moi même. Je ne vois, je n'entends plus rien. Tout mon être est concentré vers un seul objet. La gloire, la Patrie, la Religion m'appellent, & je demeure retenu par un charme invincible.... J'aime.

NICEPHORE.

Mon fils! le poison de l'amour a donc enivré ton cœur. O passion funeste & destructive des vertus, allez-vous me ravir Olinde; & parmi ces Héros dont il est l'émule & le frere, au milieu de ces cris belliqueux qui annoncent le triomphe des Chrétiens, l'entendra-t-on soupirer de foiblesse.... Quel tems pour aimer!

OLINDE.

J'ai voulu me vaincre, cette ardeur qui me maîtrise s'est accrue de mes combats.... Mais pourquoi traiter de foiblesse le sentiment le plus précieux au cœur de l'homme. Doit-on rougir d'aimer la beauté, la vertu, ces nobles & rares présens du Ciel ? Pourquoi se dérober à ces regards touchans qui nous disent : *Je t'apporte le bonheur.* L'amour que la vertu fait naître & justifie ne peut qu'échauffer le courage & le montrer à l'Univers dans un jour plus éclatant. J'aime, mais mon amour cédera toujours à la voix du devoir. J'aime, mais sans molesse; ma flamme est épurée & ne peut m'avilir.

NICEPHORE.

Ainsi parle l'ardente jeunesse toujours prompte à s'abuser. Ainsi l'amour soumet les plus grands cœurs, éteint l'héroïsme, interrompt le cours des plus glorieux exploits....

OLINDE.

Je ne redoute point votre sévérité. Il vous faudra l'aimer aussi, mon pere. Et quand vous verrez ce front, mêlange touchant de graces & de candeur, cette beauté rare qui la distingue de ses Compagnes, cette modestie divine empreinte sur tous ses traits.... Elle n'est échappée jusqu'ici à la foule des adorateurs que par une vie simple & retirée. Dans l'âge d'aimer elle néglige sa beauté, ou ne l'estime que comme l'ornement de sa vertu; trésor d'autant plus précieux qu'il reste caché dans l'ombre. Ah, mon pere, combien je l'aime, & que je me trouve heureux de l'aimer! Je n'héſiterai point à vous la nommer; elle s'appelle Sophronie....

NICEPHORE.

Sophronie! cette jeune Chrétienne confiée aux ſoins de Mélanne.

OLINDE.

Elle-même.... Vous la connoiſſez.... O joie! Eh bien, mon pere.....

NICEPHORE.

O Maître Suprême des événemens, Protecteur du Juſte, acheve, ô mon Dieu.... écoute, te ſerois-tu fait connoître à Mélanne?

OLINDE.

Moi! je leur ſuis encore inconnu. Ce n'eſt qu'en ſecret que j'ai oſé ſoupirer. Ce cœur deſire beaucoup, eſpere peu, & dévore ſes feux en ſilence.... Je l'aime trop pour lui dire librement que je l'adore..... A la faveur de quelques bienfaits verſés ſur les Chrétiens, je me ſuis peut-être fait remarquer d'elle, mais .....

NICEPHORE.

Mon fils!... Mélanne n'eſt point la mere de Sophronie. Moi ſeul peux nommer celui dont elle tient le jour; elle l'ignore elle même; & que le Ciel la préſerve à jamais de le connoître!

OLINDE.

Vous me faites frémir,

NICEPHORE.

Je ne blâme point ton amour. Sophronie, ſans doute, ſera l'héritiere des vertus de ſa mere. Je n'ai point connu de femme plus digne d'être heureuſe, plus conſtante dans les adverſités qui l'éprouverent juſqu'au dernier inſtant. Mais tu connois ce cruel Pontiſe déſerteur de notre Loi, cet Iſmen dout les levres ſont une ſource de fraudes, dont les mains ne trament que l'iniquité....

OLINDE.

Je le vois tous les jours. Couvert d'un maſque hypocrite, cet Apoſtat s'eſt gliſſé juſqu'au Thrône. Armé d'un langage adulateur, il s'eſt fait le Conſeil & le Miniſtre d'un Roi trop foible pour ſavoir gouverner par lui-même, & qui toujours irréſolu abandonnne lâchement ſon pouvoir au premier oppreſſeur.

NICEPHORE.

Olinde, arme-toi de courage. Je vais te révéler un ſecret qu'il te faudra enſevelir à jamais dans ton ſein. Je t'impoſe un ſilence inviolable. Ma langue même ſe refuſe à cet aveu.... Ce digne & vertueux objet de ton amour... le dirai-je hélas !... eſt la fille d'Iſmen.

OLINDE, *avec chaleur.*

Se peut-il !... non, mon pere, non, elle eſt Chrétienne, & le pur ſang qui coule dans ſes veines atteſte...

NICEPHORE.

Modere toi. Avant de ſaiſir l'Encenſoir prophane, avant d'être connu pour l'ennemi du vrai Dieu

Iſmen étoit pauvre ; il étoit humble alors. Il ſut déguiſer la perfidie de ſon cœur ſous les dehors les plus doux. Les Chrétiens nourrirent charitablement dans leur ſein ce ſerpent qui, infecté de noirs poiſons ne chercha depuis qu'à les dévorer. Le fourbe employoit dans ſes diſcours ce ton ſéduiſant, cette trompeuſe éloquence, lâche reſſource des timides ſcélérats. Son eſprit artificieux lui obtint la fille de mon ami à laquelle il ne devoit point prétendre. Cette victime innocente embraſa le bourreau qui devoit l'égorger. Bientôt ſon époux ambitieux & ſacrilege viola ſa foi pour obtenir chez les infideles un rang que lui ſeul fut tenté de remplir. Il fit plus, il voulut forcer ſon épouſe à le ſuivre, à abjurer le Dieu qu'il avoit renié. Tremblante, elle ſe réfugia dans mes bras. Je la dérobai aux fureurs du traître. Elle dépoſa chez moi le fruit de l'hymen le plus infortuné ; mais bientôt la douleur abrégea ſes triſtes jours.... Il me ſemble encore la voir dans ſes derniers momens. *Nicephore*, me diſoit-elle, en me tendant une main foible, *je te laiſſe cette enfant, qu'elle ſoit fidelle à la loi de ſa mere, & que par ſes vertus elle obtienne grace devant Dieu en faveur d'un trop coupable époux.* Ses yeux levés vers le Ciel, en retombant ſur les miens ſe fermerent paiſiblement. Je confiai à Melanne cette fille naiſſante, je lui donnai le nom de Sophronie. Dès ſa plus tendre enfance ſes traits & ſur-tout ſon ame me retracerent une vivante image de ſa mere. En ſecret élevée, elle atteignoit ſon troiſieme luſtre, lorſque l'implacable Iſmen me fit traîner dans les cachots où il se flattoit d'anéantir le témoin de ses crimes. J'en sors ; & les yeux à peine familiarisés avec la lumiere, je cherchois à t'embrasser, avant de serrer contre mon sein cette chere Sophronie.

OLINDE.

O profonde destinée ! quoi ! c'est dans vos bras qu'elle fut confiée au moment de sa naissance ! quoi ! vous lui servîtes de pere ! Ismen !.. Monstre dénaturé !... Ah votre premier récit avoit jetté dans mon sein la soif d'expier dans son sang vos souffrances & ses forfaits.

NICEPHORE.

Dompte toute vengeance personnelle trop indigne d'un Chrétien. Il ne t'est permis d'armer ton bras que dans la cause commune. La mere de Sophronie du haut du céleste séjour te contemple en ce moment. Veux-tu mériter sa fille à ses yeux comme aux miens ? Rejoins cette armée de héros ; anéantis cette Mosquée ; sers le Dieu qu'adore ton amante ; qu'elle voie ton jeune front couronné des palmes de la victoire ! c'est alors que nous pourrons allumer, & publiquement, les flambeaux d'un brillant hymenée. C'est alors que tu pourras lui offrir aux pieds de nos autels, parés de nouveaux ornemens, une main chere à l'amour, & non moins chere à la patrie !

OLINDE.

Tous deux m'enflamment... Sophronie ! oui je vaincrai pour toi... Pardonne Religion Sainte !

tu prêteras aussi la force à mon bras... Dieu éternel, si tu as rémis à mon zèle la fin des malheurs d'une nation infortunée, hâte ce moment! Mon pere, entraînez-moi, je suis prêt à vous suivre.

NICEPHORE.

Dès que la nuit déployera ses ombres sur les tours de Jérusalem, rends-toi en ces mêmes lieux. Prépare tout pour le plus prompt départ; mais prens garde que ton feu ne te trahisse. Tu n'as plus à feindre que pendant quelques heures. Songe à un pere, à une amante, à tes freres... Déja le jour a répandu par-tout sa clarté... Les portes du Palais s'ouvrent, je crains d'être reconnu: laisse-moi m'échapper seul... Adieu, je cours chez Melanne dérober ma tête à nos cruels ennemis.

OLINDE, *seul.*

Dieu, conduis-le!... cache son front à l'œil du méchant & de l'impie... Aladin s'avance... Allons, c'est pour la derniere fois que je recevrai ses ordres.

SCENE III.

ALADIN, CLORINDE, OLINDE; GARDES d'ALADIN, *ſuite de* CLORINDE.

ALADIN.

APPROCHE Olinde !.... J'aime à me voir environné des ſoutiens de ma couronne; avec de tels guerriers je bannis toute crainte & trouve que Godefroi tarde bien à paroître! eh qu'ai-je à redouter de ces légions étrangeres que la ſuperſtition précipite en foule ſur une terre qui bientôt va les enſevelir après s'être abreuvée de leur ſang. Ce triomphe pour n'être pas certain a de trop heureux préſages. Qu'ils viennent ces Chrétiens! qu'ils accourent pour périr devant les murs que leur fol orgueil prétendoit renverſer. (*à Olinde.*) Olinde, ton bras rougi du ſang des Arabes, s'eſt trop fait connoître pour n'être pas honoré d'un nouveau titre à la veille de ces combats. Monte en ce jour au rang de mes premiers défenſeurs. (*à Clorinde.*) Et vous fille illuſtre, étonnante guerriere; quelle eſt la contrée aſſez éloignée de l'Aſie & des routes que le Soleil éclaire où n'ayent pas pénétré votre nom & le bruit de vos exploits? Quand vous venez unir votre épée à nos forces, qui d'entre nous ne brûle de combatre & de vaincre à vos côtés?

CLORINDE.

Seigneur, il ſuffit de marcher à l'ombre de

vos étendards & de se trouver au milieu de tant de héros assemblés pour sentir tous les feux de la valeur. Je ne crains point les entreprises les plus hazardeuses, & ne dédaigne point les plus vulgaires. Dès l'âge le plus tendre j'ai méprisé les penchans & les goûts de mon sexe. Je n'ai point abbaissé mes mains superbes aux travaux accoutumés de l'aiguille & des fuseaux. J'ai rejetté les habits efféminés & le séjour des villes. Je me suis ouvert une carriere illustre & qui plaisoit à ma fierté. Mais combien il me reste à faire pour égaler mes émules! j'ai vu combattre Olinde, s'il est notre guide, Prince, nous méprisons tous la mort... Votre fidelle alliée, j'arrive des contrées de la Perse avec l'élite de ces guerriers qui ne rougissent point de me voir à leur tête. Je viens dans le dessein de m'opposer aux efforts des Chrétiens. Ils veulent porter, dit-on, jusqu'aux pieds de ces murs la banniere flotante de leur croix. C'est donc à ce bras d'arrêter leur torrent débordé. J'ai plus d'une fois semé les champs de leurs membres & teint les fleuves de leur sang; Olinde, unissons notre couroux, & ce bras aidé du tien fixera la victoire.

OLINDE.

Princesse, & vous Seigneur, c'est trop flatter un courage vulgaire. La patrie pourroit aisément se passer de mon bras... Sur-tout lorsque l'illustre Clorinde protege sa cause...

SCENE IV.

Les Acteurs précédens, ISMEN.

ALADIN.

LA Mosquée s'est ouverte, & le Grand Prêtre s'avance...

ISMEN, *accourant avec une suite de Prêtres.*

O crime!... O jour affreux!... Jour de vengeance & de terreur....

ALADIN.

Qu'entends-je?

ISMEN.

Le Ciel est outragé... Il faut préparer les supplices, il faut prévenir la foudre vengeresse...

ALADIN, *tremblant.*

Ismen... expliquez-vous... parlez.

ISMEN.

Frémissez!... J'ai vû l'abomination dans le Temple. L'Autel est profané. L'Auguste écrit de la loi du Saint Prophête déchiré par une main impie, foulé sous un pied sacrilège... Je ne puis achever...

ALADIN.

O forfait inoui!.... Il mourra... Quel est le coupable?

ISMEN.

ISMEN.

Tout le peuple Chrétien. Il doit périr. Leur insolence s'acroît à l'approche de leurs défenseurs; aucun d'eux n'est innocent ? Le blasphême est dans toutes les bouches. Le feu de la révolte couve dans tous les cœurs. Le Ciel s'explique par ma voix. Aladin, bannis les foibles mouvemens de la pitié. Efface le crime dans les flots de leur sang; anéantis une race toujours rebelle. Le Ciel t'a remis son tonnerre, c'est pour imiter ses vengeances. Tonne, frappe & qu'aucun n'échappe à tes coups. Qu'enchaînés devant ta colere, la sortie des portes leur soit interdite.

ALADIN, *à Olinde.*

Toi, qui tant de fois m'as supplié en faveur de ce peuple ingrat, tu vois par quels traits il se fait toujours connoître... Il mourra le criminel inconnu, dans le massacre général de sa secte odieuse !... Rends toi maître de la ville, & que le sacrilege soit amené à mes pieds.

OLINDE, *troublé.*

J'obéis, (*à part*) ô Dieu inspire moi.

SCENE V.

ALADIN, CLORINDE, ISMEN.

ISMEN.

IL se retire troublé; Prince! c'est un vaillant Soldat, je l'avouerai; mais le zèle qui m'inspire & peut-être m'éclaire, me défend de renfermer les soupçons que mes yeux pénétrans ont jettés sur lui...

CLORINDE.

Quels soupçons?

ISMENE.

On l'a vû en secret parler à ces mêmes Chrétiens aujourd'hui rebelles, & son cœur pourroit être infecté de ces dogmes dangereux...

CLORINDE, *l'interrompant.*

Ainsi tu prétends deshonnorer un héros que la gloire adopte & dont le cœur sensible n'aura voulu que prêter une oreille compatissante à la voix des malheureux. Pourquoi n'és tu si clairvoyant que pour te rendre accusateur? Pourquoi ne parles-tu d'un Dieu que pour persécuter? Va, ce pere & ce Juge Suprême n'aime point celui de ses enfans dont les cris appellent incessamment la foudre sur la tête de ses freres. Il sonde les cœurs, il voit à nud le fanatique, qui, sous les vêtemens de candeur & de paix cache le flambeau séditieux dont il voudroit embrâser le monde.

ISMEN.

Clorinde! la Majesté Divine est déja trop offensée sans l'outrager encore dans la personne de ses Ministres. Elevée malheureusement loin de cette contrée, vous ne savez ni le respect qu'on leur doit, ni la force auguste de la loi dont ils sont les organes. Apprenez que je suis l'interprete des volontés du Ciel; & vous Sultan à qui il a daigné confier le glaive de justice, c'est à vous de prononcer...

ALADIN.

On n'aura point impunément profané la Mosquée. Vous qui m'entourez, écoutez le serment que je fais. Je jure par le Ciel, par la puissance qu'il m'a donnée, je jure que si le sacrilege avant la fin du jour n'est livré à ma vengeance, tout le peuple Chrétien tombera sous le fer des bourreaux. Demain Jérusalem n'en verra aucun respirant dans son enceinte, demain les premiers rayons du Soleil se plongeront dans les flots de leur sang coulant le long des rues jonchées de leurs cadavres... Ismen, faites publier cet Edit par toute la ville; & vous noble Clorinde, pardonnez à son zèle; il est poussé peut-être trop loin quand il accuse Olinde, mais vous ne savez pas combien la sévérité est utile & n'est le plus souvent que la Justice même.... Venez illustre guerriere observer du haut de la tour qui domine la campagne, ce camp ennemi où la victoire vous attend.

SCENE VI.

ISMEN.

ENFIN ces Chrétiens que j'abhorre feront tous massacrés... Peuple superbe qui m'avez en horreur, je vous verrai bientôt implorer celui que vous osiez mépriser. Nous verrons si ce Dieu pourra vous dérober à mes coups, & s'il méritoit que je rampasse avec vous dans la bassesse & l'ignominie... Ismen étoit fait pour les grandeurs & pour servir d'autres Autels.... Tout m'a réussi. Comme je mène à mon gré l'esprit de ce Sultan! le peuple & le maître tremblent à ma voix... Ces Chrétiens seuls gênent mes projets. Ils ont le secret honteux de mon premier état... Mais quel hardi stratagême a inventé mon heureux génie!... Il falloit un coup qui intéressât la Religion & je l'ai trouvé... Les stupides Sarrazins sont loin de penser que c'est moi qui ai déchiré ce livre qu'ils adorent. Je me suis fait le Dieu de cette foule crédule. Je leur donne pour loi ma volonté. Ne bornons point là ma carriere ambitieuse, touchons le faîte, & faisons du trône d'Aladin le marche-pied de mon Autel.

Fin du premier Acte.

ACTE II.

SCENE PREMIERE.

SOPHRONIE, SERENA.

SERENA.

OU vas-tu, Sophronie?.... Je te suis en tremblant.... Pourquoi hasarder tes pas dans ces lieux qui nous sont étrangers, dans ces lieux couverts de farouches soldats dont le glaive semble déjà étinceller sur nos têtes. Quel dessein te conduit vers le Palais du Tyran?

SOPHRONIE.

Le dessein qu'un Dieu m'inspire.... Tu viens d'entendre l'Edit qui menace les Chrétiens.

SERENA.

J'en ai le cœur glacé d'effroi. L'ordre cruel vole de bouche en bouche; l'image d'une mort présente les rend immobiles; mais que peux-tu faire pour un peuple proscrit & consterné?

SOPHRONIE.

Le ſauver & mourir.

SERENA.

Toi, Sophronie !

SOPHRONIE.

Chere amie, que la vie devient précieuſe quand on peut la donner pour le ſalut des ſiens ! les chaînes & les tortures m'épouvantent bien moins que le ſanglant tableau des Chrétiens étendus, égorgés dans les rues de Jéruſalem. Si la foibleſſe de mon ſexe & de mon âge pouvoit me faire chanceler, embrâſez mon cœur, divine & courageuſe flamme dont brûloient les Martyrs ! Montrez-moi mes freres ſauvés d'un maſſacre horrible, & la palme immortelle qu'un Dieu accorde au ſacrifice de quelques jours paſſagers.

SERENA.

De quel ſacrifice parles-tu, chere amie ?

SOPHRONIE.

Je marche vers le Tyran ; je détourne ſur moi les coups qu'il prépare. Je me déclare coupable, j'annulle l'Edit & ſatisfais à ſa vengeance. . . . Cet artifice eſt pardonnable, puiſqu'il ſauve tout un peuple des fureurs d'un barbare.

SERENA.

Que m'as-tu dis ? . . . Toi, te livrer ! . . .

SOPHRONIE.

Eh! qui pourroit m'enchaîner à la vie, lorſque je trouve un ſi noble avantage à l'abandonner? Qui m'attacheroit à ce monde dont j'ai mépriſé dès l'enfance le tumulte & les vanités? Quelle voix l'emporteroit ſur cette voix puiſſante qui m'appelle au rang des libérateurs de la Patrie?

SERENA.

Cruelle amie! dans ces triſtes momens tu oublies les liens qui nous uniſſent, ces liens formés dès que nos cœurs ont pû ſe connoître, & de jour en jour plus reſſerrés; tu pourrois les briſer d'un œil indifférent; & délaiſſeras-tu de même une mere qui t'aime? Ne lui dois-tu rien? Elle t'adopta pour ſa fille. Elle en eut toujours pour toi la tendreſſe inquiete, & tu veux l'abandonner au déſeſpoir! Ne ſais-tu pas que l'unique joie de ſa vieilleſſe eſt de nous voir toutes deux ſourire à ſes côtés? Me laiſſeras-tu ſolitaire & déſolée après que je l'aurai vue expirer dans mes bras de la douleur de t'avoir perdue?

SOPHRONIE.

Et c'eſt pour ſauver ſa vie, la tienne, celle de tous, que Sophronie court ſe ſacrifier. Songe donc que ce ſoir même une troupe d'aſſaſſins le fer en main, iront enfoncer nos portes. Ces féroces ſatellites nous égorgeront ſur ſon corps expirant. En me livrant volontairement à la mort, je ne fais que la devancer de quelques inſtans, & je délivre de ces ſanglantes horreurs, toi, notre mere, & tout un peuple vertueux.

SERENA.

Mais crois-tu qu'il ſoit permis d'expoſer ainſi ſes jours ? Le Chrétien doit attendre la mort avec fermeté, mais ſon devoir eſt-il de marcher au-devant d'elle ? Quand le glaive des bourreaux deſcendroit ſur ſa tête, il doit eſpérer encore en la miſéricorde divine. Qui ſait ce que Dieu nous réſerve ? Qui ſait ſi le Sultan lui-même ne révoquera point un Arrêt prononcé dans ſa colere ?

SOPHRONIE.

Et que ſais-tu ſi dans ce moment ce grand deſſein ne m'eſt pas inſpiré par Dieu même ? Si ce n'eſt pas lui qui me prête ce courage qui t'étonne ? C'eſt ainſi qu'il veut ſauver inviſiblement ſon peuple & attirer Sophronie au ſéjour de ſa gloire. Mon ame s'élance vers ſon Thrône, une céleſte ardeur m'embrâſe, tout mon cœur en eſt pénétré. Serena, j'entends l'auguſte Religion qui me crie : *Heureuſe Sophronie marche au trépas, tu arrêteras des fleuves de ſang en te frayant un chemin au bonheur dont jouiſſent les immortels.*

SERENA.

Tes paroles m'enflamment & m'éclairent. Je voulois te combattre, tu triomphes de moi, tu m'entraînes, que dis-je ? je brûle de la même ardeur. Sophronie, écoute, j'envie cette couronne fortunée : ſois aſſez généreuſe pour me laiſſer exécuter ce que ta grande ame a conçu ; tu n'en auras pas moins de mérite aux yeux de Dieu qui voit tout, & ton amie une fois dans ſon ſein. . . .

SOPHRONIE.

Pourquoi me demander ce que tu ſais d'après toi-même que je ne puis t'accorder ?

SERENA.

Eh bien, permets-moi de mourir avec toi. Rendons en même tems les derniers ſoupirs d'une vie dont nous aurons paſſé tous les inſtans enſemble. Me refuſeras-tu l'honneur de t'accompagner ? Je marche avec toi : nous ſaurons nous encourager l'une l'autre, & le coup de la mort ainſi partagé, deviendra moins cruel.

SOPHRONIE.

Dis plutôt qu'il ſeroit plus terrible. Va, chere amie, il eſt affreux en ſouffrant de voir encore ſouffrir ce que l'on aime. Le cœur au lieu de s'enhardir ſe ſent plus foible par le double ſupplice dont il eſt tourmenté. Il t'eſt défendu de mourir puiſque le Tyran n'a beſoin que d'une ſeule victime. Tu deviendrois criminelle en offrant un nouvel attrait à ſa barbarie. C'eſt peu ; un devoir plus ſacré que l'amitié t'attache malgré toi au monde. Tu te dois toute entiere à celle qui t'a donné le jour. Moi je ſuis ſur la terre comme un roſeau ſans appui. Je ne tiens pas aux nœuds où ton ame eſt enchaînée. On m'a laiſſé ignorer de qui j'ai reçu le jour, & je deſcendrai au tombeau ſans avoir embraſſé les mortels qui devoient m'être les plus chers, que dis-je ? ſans les avoir connus.... Serena, retourne à celle que tu dois conſoler de ma perte. Offre-lui le tableau de la Religion & de la Patrie

reclamant mes foibles ſecours. Dis-lui en l'embraſſant : *Sophronie pénétrée d'amour & de reconnoiſſance n'oublie point les douceurs maternelles que tu repandis ſur ſes jours, elle meurt & t'attend dans un monde plus heureux. . . . Adieu Serena, adieu chere amie, ſeche tes larmes. . . . Retire-toi, & ſur-tout ne trahis point un ſecret d'où dépend le ſalut d'un Peuple entier. . . .* A l'inſtant où mon corps tombera ſous le tranchant du glaive, approche alors, couvre-le d'un voile funebre, dérobe-le à des régards profânes, & fais-le tranſporter dans cette terre ſainte où repoſent les oſſemens des Chrétiens immolés dans les combats ; ſi toute-fois Sophronie étoit digne d'aſpirer au rang de ces Martyrs glorieux.

SERENA.

Quelle image! & tu peux me l'offrir ! . . . . Ma conſtance ſeroit plus grande s'il me falloit mourir.

SOPHRONIE.

Chere ſœur, écoute : j'ai un ſecret à te confier. (*Elle garde le ſilence.*)

SERENA.

Parle. . . . . Tu héſites.

SOPHRONIE.

Ce jeune Guerrier que nous avons remarqué, ſi connu par les bienfaits qu'il a répandus ſur nos freres, qui les protége, qui paroît les chérir, & dont les pas ont suivi quelquefois les nôtres....

SERENA.

Olinde! ce généreux Guerrier..... il t'aime avec excès, il brûle d'un feu caché.... Tu as vu tout le respect qui maitrise un amour véritable. Que je l'ai plaint souvent de n'être pas un de nos freres!

SOPHRONIE.

S'il n'est pas un Chrétien il en a les vertus. Mon cœur s'applaudissoit de sa victoire afin de donner à la Foi un Héros, un défenseur de plus. Il semble la respecter, peut-être desire-t-il de la mieux connoître, peut-être veut-il l'adopter? Il n'est pas né Idolâtre. La même cité, dit-on, nous a vu naître. On admire son cœur noble & sensible.... Serena, dès que je ne serai plus, il faudra te hasarder à lui dire ce que j'ai toujours pensé de lui. Entretiens ce zèle heureux qu'il a pour les Chrétiens. Apprends-lui que Sophronie n'est morte que pour les sauver, qu'elle a osé espérer qu'il deviendroit un jour un de leurs plus fermes appuis, que cet espoir lui fut cher.... Adieu, je ne puis en dire davantage, & il ne m'est plus permis de différer.

SERENA.

O Ciel! j'apperçois le Sultan qui s'avance vers ces lieux..... Ah! Sophronie, tout mon corps frissonne & mes bras tremblans ne peuvent te délaisser.

SOPHRONIE, *l'écartant avec douceur.*

Tu me rends ce moment plus cruel que la mort. Si tu m'aimes, si tu chéris une mere, fuis à l'instant même, fuis en détournant les yeux; abandonne-moi au Dieu que nous adorons, ton amie t'en conjure, & le devoir te l'ordonne.

(Elle s'arrache d'entre ses bras & fuit loin d'elle, tandis que Serena se retire lentement la tête panchée & dans un accablement mortel.)

SOPHRONIE, *seule vers un coin de la Scène.*

O Dieu! c'est dans ce premier pas que j'implore ton assistance, éleve ma foible voix & rends-la victorieuse de la timidité.

SCENE II.

ALADIN, ISMEN, SOPHRONIE; TROUPE DE GUERRIERS.

ALADIN, *à un des Chefs.*

Que l'armée déploie en ordre de bataille les légions qui la composent. Que ces troupes invincibles se rendent à la plaine qui regarde le midi de la Ville. Que j'embrasse d'un coup d'œil le spectacle belliqueux de ces héros qui soutiennent si dignement la justice de ma cause. Ces Perses si braves & si fideles marcheront les premiers au-devant de l'ennemi. L'honneur en est dû à l'Héroïne qui les guide. Je lui remets le sceptre de mon autorité. Que ses ordres soient des loix pour tous mes Guerriers. (*A Ismen.*) Ismen, faites commencer les prieres publiques. Que le Ciel soit appaisé. Olinde s'est emparé du quartier des Chrétiens; je les regarde comme des victimes sous le glaive, & leur derniere heure va bien-tôt sonner.

ISMEN.

Que le pavé de la Mosquée soit lavé de leur sang. ... Mais une Chrétienne ose s'avancer. ... L'aspect de la Royauté ne la fait point trembler.... Elle soutient votre regard!

SOPHRONIE, *devant Aladin avec une fierté noble & douce.*

Sultan, ſuſpendez votre colere. Je viens vous découvrir & remettre en vos fers le coupable que vous cherchez. C'eſt moi qui ai déchiré l'écrit d'un faux Prophête qui outrageoit nos Loix ſaintes.

ISMEN.

O blaſphême!... ô vengeance!...

ALADIN.

Toi! ſi jeune & ſi téméraire!

SOPHRONIE.

Le coupable eſt devant vous; ce que vous appellez ſacrilege eſt l'ouvrage de ces mains. C'eſt moi ſeule que vous devez punir.

ALADIN.

Se peut-il que ſous ces traits de douceur tu voiles tant d'audace. Malgré la foibleſſe de ton ſexe tu viens ici braver les ſupplices.

SOPHRONIE.

J'obéis à l'Arrêt qu'a publié votre courroux. Vous-même en me condamnant à la mort devez approuver l'équité qui m'y conduit. Je ſauve mes freres innocens, & vous épargne l'injuſtice d'un affreux carnage.

ALADIN.

Que je l'étende ou non ſur toute ta ſecte, nous éprouverons bien-tôt dans les tourmens cette conſtance orgueilleuſe...

SOPHRONIE.

Vous eſſayez de m'intimider. J'annonce ſans effroi ce que j'ai fait ſans crainte.

ALADIN, *à Iſmen.*

Iſmen... La pitié ſe gliſſe dans mon ame. Apprends-moi à la dompter. A l'éclair imprévu de tant d'attraits.....

ISMEN.

Reconnoiſſez le zèle inſenſé de ces fanatiques Chrétiens. Ils verſent l'inſolence & la révolte dans de jeunes cœurs, empoiſonnés dès l'enfance de leurs maximes ſéditieuſes. Voilà le premier ſignal des complots qu'ils méditent. Bientôt une rébellion plus ouverte...

ALADIN.

Cet attentat cache un myſtère. Je te la livre, Iſmen... Il faut ſonder cet eſprit rébele, remonter à la ſource d'une trame impie... qu'elle nomme ſes complices.

SOPHRONIE.

Seigneur, je n'en ai point.

ISMEN, *aux ſiens.*

Qu'on apporte des chaînes... Je vais la faire conduire dans nos ſouterrains... Il faudra bientôt dépouiller cette bravoure inſultante, & les tortures nous feront entendre un bien différent langage. (*A Sophronie*) Pourquoi tes couleurs commencent-elles à pâlir... C'eſt trop tôt s'effrayer. (*Aux Gardes*) Allez, qu'on la deſcende ſous les voûtes de la Moſquée: Je vous ſuis. (*A Aladin d'un air triomphant*) Elle voudroit cacher les pleurs qui roulent dans ſes yeux; ils couleront bientôt en plus grande abondance; il faut anéantir un orgueil auſſi dangereux, & que ſes remords devienent auſſi publics que l'a été ſon audace.

ALADIN.

Ta rigueur me ſert. Mon ame s'étonne d'être ſi lente à s'irriter. Lorſqu'à mon retour je ſerai aſſis pour la juger, garantis ton Roi de toute foibleſſe, & rends ſa juſtice inéxorable comme le Dieu qui demande vengeance par ta voix.

ISMEN.

Allons dans ſon Temple ordonner les prieres & lui promettre, s'il eſt poſſible, une réparation égale à l'offenſe. (*Aladin ſort accompagné de ſa ſuite.*)

SCENE

SCENE III.

SERENA, *s'avançant du fond de la scene où elle s'est tenue cachée.*

O malheureuse Sophronie ! les cruels, t'entraînent... C'en est fait, ils vont porter les derniers coups... Tu es innocente & je t'ai abandonnée! quelle foiblesse ! ou plutôt quelle puissance enchaînoit mes pas & ma voix!.... Sophronie! ai-je dû t'obéir.... O sacrifice héroïque, je t'admire & ne puis te goûter!...Comment annoncer cette nouvelle à l'oreille d'une mere ?... Que va-t'elle devenir ? & c'est pour la consoler que son amitié m'a commandé de lui survivre.... Mais j'apperçois Olinde: mon cœur ne peut plus se contenir...! Ah! s'il pouvoit la sauver! courons à lui.

SCENE IV.

SERENA, NICEPHORE, OLINDE.

SERENA.

OLINDE... Olinde... Guerrier généreux ſecourez-nous.

NICEPHORE.

La fille de Melanne ne reconnoit plus un vieillard infortuné qui fut ſon ami.

SERENA.

Nicephore! vous ô Ciel!... En quel moment hélas! venez-vous nous redemander Sophronie?

OLINDE, *conſterné.*

Il ſort de chez Mélanne, tremblant de ne plus vous voir à ſes côtés.. Ses frayeurs mortelles ont paſſé dans mon ſein... Nicephore ſous ma garde voloit vous chercher; & pourquoi Sophronie n'eſt-elle pas avec vous?... Où la trouver?

SERENA.

Dans les chaînes... au milieu des bourreaux... au pouvoir d'Iſmen!

OLINDE.

Cruelle! que dis-tu?... Elle captive!

NICEPHORE.

O ma Sophronie!

SERENA.

Sophronie meurt dans les ſupplices, ſi vous ne pouvez la ſauver.

OLINDE.

Sophronie meurt! Acheve, acheve de me déchirer l'ame.

SERENA.

Je trahirai ſon ſecret, la voix de mon cœur l'emporte ſur mes ſermens... Sophronie innocente s'accuſe du forfait que l'on impute aux Chrétiens; elle veut acheter le ſalut de tout un peuple, au prix de ſon ſang. Elle s'eſt livrée elle-même à ces Prêtres barbares.

OLINDE.

O mon pere! eſt-ce bien une mortelle?... Eſt-il une vertu plus rare! je te reconnois Sophronie, ame céleſte! noble & grand cœur! ah! combien ne dois-je pas t'imiter!

SERENA.

C'eſt dans vous ſeul que chacun de nous eſpere... Vous approchez de ce Sultan redoutable... Je vous conjure pour elle... Ah! ſi vous ſaviez, dans nos derniers entretiens, ce qu'elle m'a dit pour vous...

OLINDE.

Sophronie auroit penſé à moi! auroit parlé!...

Serena, Serena, un mot, un ſeul mot & je vole...

SERENA.

Elle eût deſiré qu'un héros tel qu'Olinde eût marché ſous l'étendard de la croix... Voilà ſes regrets, ſes plus grands regrets en marchant à la mort, mais je ne devois reveler ſon ſecret que lorſqu'elle ne ſeroit plus.

OLINDE.

Elle vivra, crois moi ! le plus bel ornement du monde ne deſcendra pas ainſi au tombeau... Seche tes pleurs, Serena, ſeche tes pleurs & cours annoncer à ta mere la délivrance de Sophronie.

NICEPHORE.

Et quelles ſont tes forces ? Employeras-tu le courage ou le pouvoir incertain des larmes ?

OLINDE.

Les larmes !... non... Les puiſſances qui la retiennent ſont trop multipliées pour pouvoir les briſer, & l'aveugle Sultan agit trop d'après Iſmen pour oſer eſperer ſa grace, mais je ſais comment je la délivrerai.

NICEPHORE.

Courons-y de ce pas, mon fils !

SERENA.

Son fils !

OLINDE.

Je le ſuis, & tu reconnoîtras ſon ſang.... Je puis racheter les jours de Sophronie !... Combien je te rend grace ô Cîel ! Voici le moment où tu m'ordonnes de me nommer Chrétien... Il ne m'eſt plus permis de cacher ce titre glorieux.

NICEPHORE.

Et que prétends-tu ?

OLINDE, *avec feu.*

C'eſt mon pere qui le demande.

NICEPHORE.

Je ne t'ai peut être que trop entendu, mon fils... L'amour que j'ai pour toi me fait éprouver un moment de foibleſſe, je frémis... Mais s'il le faut ſi tu ne peux ſauver les Chrétiens & Sophronie qu'en périſſant...Hélas ! je ne puis achever... & moi auſſi j'irai, je préſenterai au Tyran cette tête couverte de cheveux blancs; je lui dirai frappe, elle n'eſt pas indigne de ta vengeance.

OLINDE.

Mon pere ! ſi vous m'aimez, ſi Sophronie vous eſt chere, gardez-vous d'accompagner mes pas. Vivez... Chere Serena, conduis-le chez ta mere ; que ſa maiſon lui ſerve d'aſyle ; que cet aſyle raſſure mon cœur alarmé... Allez, Sophronie ne tardera pas à vous y rejoindre. Adieu... Adieu mon pere. (*Il va pour partir.*)

NICEPHORE.

Arrête, Olinde!... Mon fils arrête!... L'incertitude & l'effroi m'accablent... Où vas-tu, & que vas-tu faire?.. Tu abandonnes bien promptement un malheureux vieillard qui n'espere, qui ne vit plus que par toi!

OLINDE.

Osez-vous me rappeller! pourquoi ne me laissez-vous pas échapper?... Tremblez d'aller contre mon devoir, contre Sophronie; ah fuyez, mon pere... Evitons de nous trouver ensemble. Vous ne voulez point faire chanceller ma vertu. N'êtes-vous plus Nicephore, & serez-vous plus foible que cette jeune Chrétienne?

NICEPHORE.

Je n'étois plus que ton pere... Oui, je la sens cette foiblesse que la nature inspire... Va je saurai la dompter... Je t'admire en pleurant... Arrache-toi de mes bras, & puisque Dieu te guide... Adieu, adieu, si tu péris, nous ne serons pas long-tems séparés.

SCENE V.

OLINDE.

VOICI l'inſtant le plus glorieux de ma vie, le plus cher à mon cœur ! Sophronie ! des chaînes de fer ne preſſeront plus tes mains délicates. O mort ! moment de joie & de volupté ! je mourrai pour elle !... La ſauver eſt pour moi la plus grande félicité. Ma vie n'aura d'autre prix que celui de lui être offerte. Mais que dis-je ? Ce n'eſt pas la perdre, c'eſt la rendre utile, glorieuſe, fortunée. Je vivrai dans ſa mémoire, peut-être dans ſon cœur. Je vois pourquoi j'ai reçu l'exiſtence. Je puis ſacrifier mes jours au plus digne objet dont le Ciel ait décoré la terre... O Dieu je te rends grace.. tu m'aimes... hâte cet heureux ſacrifice.

SCENE VI.

CLORINDE, OLINDE, *suite de* CLORINDE.

CLORINDE.

TA fierté me plaît ; tu laisses la foule de ces soldats vulgaires aller remplir la profondeur de la Mosquée. Je t'approuve. Ne deshonorons point la valeur par des sermens. Qu'Ismen déploie à son gré un appareil religieux, les fumées qu'exhale l'encensoir, voilà ses armes. Pour nous guerriers, manions le fer & n'humilions point les instrumens de la gloire devant la Thiare d'un Pontife. C'est sur notre épée qu'il faut fonder notre espoir. La victoire est dans le cœur des héros & non dans ces Cantiques qui vont frapper les voûtes d'un Temple.

OLINDE.

Ce Temple tombera pour écraser & l'Idole & le Prêtre. L'arbitre des combats n'est point ce Prophête imposteur qu'ici l'on adore. Non Clorinde, non, ce n'est pas du fond de cette Mosquée que part la victoire. Olinde doit faire connoître à quels autels il faut la demander, & c'est la seule gloire qu'il ambitionne & qu'il envie. *(Il quitte Clorinde. Clorinde reste & congédie sa suite.)*

SCENE VII.

CLORINDE, ARSETTE.

ARSETTE, *après un assez long silence.*

TU demeures pensive... crois-tu pouvoir encore déguiser ton trouble. Chériras-tu en ce moment mon antique franchise? Ecouteras-tu le libre accent de l'amitié? Accoutumé à t'observer dès l'enfance, je te connois mieux que tu ne te connois toi même. Tantôt tu as outragé le Grand Prêtre. Tu protèges ouvertement un peuple ici détesté. Apprens que tu n'as plus de secrets. Epanche ton cœur & permets lui de se soulager, car pour moi je t'ai devinée... Rougis, mais parle...

CLORINDE.

Arsette, tu me fais frémir... ah! puisque tes regards m'ont soupçonnée, je me suis trahie. Loin d'éluder par un mensonge artificieux l'humiliant aveu que je me suis refusé à moi-même, tu vas tout savoir. Je me sens un assez juste orgueil pour ne point redouter un œil étranger. Il seroit trop au-dessous de moi de dissimuler. Ma langue sera l'interprête de mes sentimens. Je ne désavoue point un secret penchant. Je songe au héros qui en est l'objet... Arsette, vois si ce front rougit en prononçant que j'aime.

BnF ARS

ARSETTE.

Tant de charmes enſevelis ſous le fer & perdus pour l'amour ont donc enfin connu cet aſcendant auquel l'héroïſme même ne ſauroit échapper.

CLORINDE.

Tu ſais comme j'ai mis ma gloire à triompher des foibleſſes de mon ſexe. Le vil eſclavage où je le vis ſoumis révolta mon jeune orgueil. J'ai fait voir un cœur né pour cette liberté, ame & principe des vertus guerrieres. C'eſt toi qui appris à ma main enfantine à gouverner le frein des courſiers, à manier la lance & l'épée. Endurcie aux exercices de la lutte & de la courſe, j'ai ſuivi ſur le ſommet des monts & dans le fond des forêts la trace des Ours & des Lions. J'ai montré tout a coup, à ces hommes étonnés, un bras auſſi redoutable que le leur. Ma valeur fut heureuſe. Les aîles de la Renommée ont daigné porter mon nom en différens climats; mais que je crains que la honte déſormais ne l'accompagne!... quelle langueur ſecrette s'eſt mêlée à cette ardeur belliqueuſe qui ſembloit ſeule devoir emporter tous mes vœux. Pour la premiere fois, ſous ma dure cuiraſſe, j'ai ſenti mon ſein palpiter. Je voulus étouffer un ſentiment importun, & tout m'y rappelloit malgré moi. Je crus pouvoir l'anéantir dans les champs de la guerre. Mais hélas! au milieu des combats, parmi le choc & le cri des batailles, je verſois des larmes, & mes yeux couverts d'un caſque ne perdoient point de vue dans la mêlée le guerrier qui triomphoit des ennemis & de mon cœur... Je ne te le nomme pas... Arſette, ce n'eſt point comme alliée d'Aladin que je ſuis venue ſecourir Jéruſalem. Mon zèle a pour guide un plus cher deſſein. J'accours pour combattre à côté du héros qui depuis quatre années a de ce cœur guerrier ſoumis la fiere indépendance.

ARSETTE.

Il y a long-tems qu'en voulant me dérober ce ſecret tu as pris ſoin de me le reveler.

CLORINDE.

Ah! ſi d'autres regards que les tiens ont pénétré dans mon ame, où fuir? L'amour éteint la gloire, & devant ſon œil jaloux toute foibleſſe eſt un crime... Va, je ſuis toujours Clorinde, l'Aſie ne me verra point eſſuyer les dédains d'un ſuperbe vainqueur. J'appelle à mon ſecours ce calme intrépide qui m'accompagne ſur le ſanglant théâtre de la guerre. Je ne chancellerai point dans l'illuſtre carriere où j'ai porté mes permiers pas, & je me dompterai, duſſé-je éteindre mes feux dans mon propre ſang!

ARSETTE.

Tu pouſſes trop loin cet orgueil que moi-même ai pris ſoin de t'inſpirer. J'ai voulu te ſauver de l'amour, endurcir ton cœur, le rendre inſenſible au joug de cette paſſion fatale à l'héroïſme; mais elle commande malgré nous.... Tant que j'ai vu ta jeuneſſe abandonnée à ces épreuves redoutables, percer de tes flêches les Ours & les Lions, les forcer dans leur ſanglant repaire, j'ai moins craint pour toi, je te l'avoue, que lorſque j'entends ces premiers ſoupirs échapper de ce cœur altier où l'amour une fois vainqueur doit regner avec empire.

CLORINDE.

La mort du moins ſaura m'affranchir.

ARSETTE.

Tu luttes contre le trait que tu ne peux arracher. Si ton penchant étoit vil ou malheureux, ſans doute il te faudroit mourir; mais après tout, Clorinde, mourir n'eſt pas vaincre. C'eſt fuir lâchement la vie... ne mollis point comme une ame vulgaire. Rappelle ton courage, & ſi tu chéris les combats & les palmes que la valeur y moiſſonne, élance-toi d'un vol plus rapide ſur le char de la victoire. Un jour plus brillant à tes regards, il pourra te porter aſſiſe & triomphante à côté d'Olinde.

CLORINDE.

De quelle image flattes-tu mon timide eſpoir!.. Je ſens trop à quel point il m'interreſſe & combien j'ai d'ardeur à vaincre ſur ſes pas. Je connois la crainte, mais pour lui, pour lui ſeul. Je frémis à chaque trait qui menace ſa tête; je veillerai ſur ſes jours qu'il prodigue; j'oppoſerai ce ſein à la fleche meurtriere; mais mon ſecret n'en reſtera pas moins dans mon cœur, & ne s'épanchera pas même avec mon ſang & ma vie... Ne me parle plus que des champs où je dois cueillir des lauriers! qu'Olinde me voye combattre, qu'il admire un courage égal au ſien; qu'il me ſuive, tandis que ce bras emporté foudroiera l'ennemi; ou ſi ma valeur n'attire point ſes regards, s'ils demeurent indifferens & froids, peut-être que frappée tout à-coup au milieu du carnage, il donnera quelques larmes à mon trépas. Si je les vois couler, s'il penche vers moi un œil attendri, ſi j'y lis un ſeul inſtant ſa douleur, la mort ne me ſera pas ſi cruelle. Que dis-je! elle me paroîtra pleine de douceur...Où m'égarai-je, Arſette!... ah! pardonne, & laiſſe une amante à ſes rêves inſenſés.

ARSETTE, *en ſoupirant.*

Ta bleſſure eſt entiere & nulle main ne peut la guérir. Crois moi, ne te fais plus de ton amour un tourment volontaire. Tantôt dans un abandon déſeſperé tu voudrois t'élever au-deſſus de toi-même, tantôt dans les erreurs d'une illuſion trompeuſe tu nourris ta foibleſſe en craignant d'y ſuccomber. Ton cœur courageux & tendre, auſſi neuf que rebelle, rougiroit-il de ſe trouver ſenſible? Fiere Clorinde! il eſt tems de te révéler tes tranſports: un jour l'amour doit t'enchaîner, tu pâlis... raſſure toi. L'aveu que tu m'as fait n'a rien qui doive te faire rougir. Olinde eſt digne de toi. L'armée applaudira à ces nœuds mutuels, ils seront tiſſus des mains de la victoire. L'amour qu'adopte la valeur marche en vainqueur illuſtre, & tu pourras trouver, en lui cédant ton cœur, une félicité plus grande & plus vraie que dans la conquête de vingt nations ſoumiſes & tremblantes.

CLORINDE.

Ceſſe de m'abuſer, vaine illuſion! peut-on accorder la gloire & l'amour? L'une s'avoue à la face de l'univers, l'autre eſt faite pour l'ombre... Je ne veux ſuivre que la paſſion des grands cœurs. Aide moi à reprendre cette mâle indépendance qui flattoit mon heureuſe jeuneſſe. Rends moi ce cœur que tu formas dans les déſerts & dans le fond des forêts. Ce naturel farouche me paroit plus ſupportable que cette oiſive langueur qui me fait ſoupirer... Moi ſoupirer! terribles accens des combats! voix redoutable de la guerre! venez étouffer dans mon ſein ces gémiſſemens qui y naiſſent & qui doivent y mourir.

Fin du ſecond Acte.

ACTE III.

SCENE PREMIERE.

ALADIN.

JE ſuis ſeul. Mon cœur frémit du ſupplice de cette jeune Chrétienne.... Iſmen m'a arraché ce ſanglant Edit... Tour-à-tour chacun fatigue ma volonté, & ſouvent il n'eſt pas permis aux Rois, tout clémens qu'ils voudroient être, de ne point ſe montrer cruels... La pitié voudroit maîtriſer mon ame ; arrête pitié dangereuſe ! ... N'ai-je pas le droit d'effrayer les hommes par l'exemple des châtimens ? Ne ſont-ils pas les ſoutiens de ma puiſſance ? ... Oui, mais pourquoi donc cette crainte de l'injuſtice, cette terreur ſecrette... ô Dieu ! me faudroit-il rendre compte de la liberté de chaque homme, de chaque goute de ſang verſé, de chaque larme ... ah ! s'il eſt ainſi, pourquoi ſuis-je né ſous le Diadême ?... Pour gouverner les Peuples, pour porter dignement le Sceptre, il faut poſſéder une ame active & forte. Le Sceptre bleſſe les mains qui ne le ſoutiennent pas avec fermeté. Mais voici cet Iſmen dont l'éloquence redoutable vient encore m'aſſiéger... Je le connois & je ſuis ſon eſclave !

SCENE II.

ALADIN, ISMEN.

ISMEN.

SEIGNEUR, quelle funeſte clémence vous arrête ? Précipitez le ſupplice de cette fille inſolente qui vous brave ; tandis que tout tremble à vos pieds. Saiſiſſez ce moment pour exterminer un peuple audacieux. Les Chrétiens frappés de ce coup ſeront à la fois ſurpris & terraſſés. Vous pourrez éteindre toute leur race ; craignez que bientôt ſoulevés, furieux, dès que nos remparts ſeront aſſiégés, ils ne briſent le joug qui les captive.

ALADIN.

Et pourquoi ce carnage ?... Non, je veux que le glaive de ma juſtice demeure ſuſpendu. Le ſupplice de cette fille rebelle ſuffit pour les intimider. Qu'on veille ſur eux, mais qu'on reſpecte leurs jours. Contenus de tout côté, environnés de ſoldats que commande Olinde, que peuvent-ils encore ?

ISMEN.

ISMEN.

Tout oſer. Vous faire repentir d'avoir ſuſpendu l'Edit qui confirmoit le repos de votre Etat & la ſûreté de votre Trône. Je ne ceſſerai de vous le répéter, Seigneur, Olinde m'eſt ſuſpect.

ALADIN.

Qui, lui? qui m'a toujours ſi fidelement ſervi?

ISMEN.

Un traître a toujours quelque ombre de vertu. Oubliez ce qui m'échape. L'avenir prouvera ſi mes ſoupçons étoient fondés. Mais quant à ces vils Chrétiens, en tout tems vos ennemis ſecrets, que tardez-vous à les chaſſer de votre Empire?

ALADIN.

Ce ſol déjà épuiſé par la guerre, je le priverois encore de nombreux habitans?

ISMEN.

Tout mouvement de pitié diminue en vos pareils l'autorité ſuprême. Les foudres du Trône une fois allumés doivent gronder ſans interruption, & tout rebelle qui ſouleve la tête doit être écraſé. La terreur ſera toujours la plus ſûre garde du Diadême... Eh! ne voyez-vous pas que ce peuple ſéditieux ne reſpire que dans l'eſpoir de voir tomber votre Couronne.

ALADIN.

Tu les crois auſſi dangereux, auſſi acharnés contre ma puiſſance?

ISMEN.

Je ſuis né au milieu d'eux. Dès l'enfance j'ai appris à les connoître, mais pour les mieux déteſter. Leurs principes attaquent l'autorité légitime. Le Ciel me préſerve de ces dogmes monſtrueux; il m'a donné l'eſprit de ſoumiſſion; il m'a conduit auprès d'un grand Roi, afin que je fuſſe auprès de lui le défenſeur de ſes droits, le ſoutien & l'organe de la vérité.

ALADIN

Iſmen! tu vois ce Trône où je ſuis forcé de m'aſſeoir; eh bien, il n'y a pas de jour qu'il ne me coûte des ſoupirs; ce n'eſt qu'à toi que je puis l'avouer.

ISMEN.

Et pourquoi, Seigneur?

ALADIN.

Je frémis de me tromper; je ſens que l'on me trompe; je voudrois regner en paix, & ne trouve que ſujets de diſcorde & d'ennui... Mon Peuple n'eſt pas content.... Il n'eſt pas heureux... On me tait ſes malheurs... On me preſſe toujours de punir.

ISMEN.

Pour moi, je n'entends qu'un cri univerſel qui proclame l'invincible Aladin le plus grand & le meilleur des Rois... Quoi que vous faſſiez, le Peuple adorera votre clémence.

ALADIN.

J'aimerois à en être persuadé, mais mon Sceptre en frappant les Chrétiens ne s'est-il pas quelquefois appésanti sur l'innocence & sur la vertu?

ISMEN.

La majesté souveraine absorbe ces légeres taches, inévitables dans les rapides mouvemens qui font rouler les destinées d'un vaste Empire. L'autorité a son code & ses droits séparés des loix qui régissent les vulgaires mortels.

ALADIN.

Mais pourquoi donc cette voix intérieure qui me rend mécontent de moi-même, qui m'attriste & qui m'accuse en silence?

ISMEN.

Quel sentiment de foiblesse! & vous daignez l'écouter? Vous regnez par l'Eternel. C'est lui qui vous a placé sur le Trône, qui a posé la Couronne sur votre tête, qui a mis le Sceptre en vos mains; il a transmis en vous, avec le pouvoir, la science & l'esprit de sagesse. Bannissez de vaines allarmes. Est-il sur la terre un Monarque plus glorieux & dont on admire davantage le génie & le cœur. (*A part.*) Courage, Ismen, il te croira.

ALADIN.

Mais enfin ces murmures éloignés qui parviennent confusément à mon oreille. . . .

ISMEN.

Vain bruit de quelques obſcurs ſéditieux, mais qui n'interrompt point la publique harmonie des louanges. Ce ſont ces Chrétiens dont la bouche inſolente calomnie les Rois dans leur baſſeſſe. Ils arrêtent un œil critique ſur vos ſublimes Ordonnances. J'ai fait pourſuivre ces rebelles par des regards qui me ſont vendus; mais le nombre des délations fatigue les délateurs. Ces eſprits opiniâtres qui ne craignent pas la mort, ne redoutent aucun forfait; ils ſe ſacrifient eux-mêmes dès que la foi le leur commande. Ils immolent la fortune, l'amitié, la Nature: d'autant plus attachés à leurs opinions fantaſtiques qu'ils les comprennent moins. Leur orgueil & leur intolérance les rendent ennemis nés du genre humain. Ligués contre le Trône & l'Autel, leur loi eſt un flambeau de diſcorde qui leur ſert à diviſer les liens du ſang & de la patrie. Comme ils meurent avec joie, ils maſſacrent de même, & vous épargnez des monſtres toujours prêts au parricide & vous laiſſez reſpirer dans l'enceinte de cette Ville un Peuple de ſerpens qu'il faudroit écraſer.

ALADIN, *troublé.*

Tu m'y déterminerois.... Mais je les garde comme des otages qui pourront me ſervir contre l'ennemi qui vient m'attaquer.

SCENE III.

ALADIN, ISMEN, SOPHRONIE.

(On voit Sophronie que l'on conduit les fers aux mains. Elle a les yeux modeſtement baiſſés.)

ISMEN.

On amene à vos pieds cette Chrétienne. Peut-on voir un orgueil plus impoſant ! Quel faſte dans ſa démarche, ſon regard & ſon maintien ! Elle ſemble s'avancer plutôt au triomphe qu'à la mort.

ALADIN.

Approche, fille ſuperbe ! . . . Viens entendre & ſubir ton arrêt.

SOPHRONIE.

Vous devez le prononcer... Ce cœur s'eſt affermi d'avance contre ce qu'il peut avoir de rigoureux.

ALADIN.

Sous les dehors d'un ſexe timide tu caches une ame auſſi hardie ! Trop foible pour un pareil attentat, réponds-moi ? Qui a pu te l'inſpirer ? Quels ſont ceux qui ont entraîné ta jeuneſſe à cet excès d'audace ?

SOPHRONIE.

Je n'ai voulu céder à perſonne la moindre part de ma gloire. Elle étoit trop illuſtre & m'étoit trop chere. Seule j'ai conçu le projet, je l'ai réſolu & l'ai exécuté. Le Dieu qui me donne en ce moment la force de ne point trembler devant vous, ce Dieu, maître des Empires a tout conduit...

ALADIN.

Eh bien, c'eſt ſur toi ſeule que tombera ma colere.

SOPHRONIE.

Il eſt juſte.... J'attends mon arrêt.

SCENE IV.

ALADIN, ISMEN, SOPHRONIE, OLINDE, GARDES.

OLINDE, *accourant avec chaleur & perçant la Garde.*

SON arrêt!... Non, ce n'eſt pas elle.... Arrêtez... Sophronie vous trompe par un pieux artifice. Faites tomber ces chaînes de ſes mains innocentes... Sultan, c'eſt ſur un autre que doit tomber votre vengeance. Le coupable eſt découvert, & je viens vous le livrer.

ALADIN.

Elle eſt innocente & venoit ſe ſacrifier! Il faut lui confronter le criminel. .. Où eſt-il ?

OLINDE.

Devant vous ... c'eſt moi.

SOPHRONIE.

O Dieu!...

ALADIN.

Eſt-ce Olinde qui parle?

OLINDE.

Ceſſez tous d'être ſurpris... je ſuis Chrétien.

ISMEN, *à Aladin, à voix baſſe.*

Eh bien, Seigneur!

ALADIN.

Toi Chrétien! dans ma Cour... Parjure! toi à qui je confiois mon pouvoir ... tu déguiſois l'ame d'un traître ſous le maſque d'un Héros.

OLINDE.

Je ne t'ai point trahi. Je viens ſacrifier pour ma loi une vie que j'ai mille fois expoſée pour la défenſe de ton Trône. Tu n'as rien à me reprocher, j'ai rempli tous les devoirs qui me lioient à toi ; mais je ſuis libre, je me dégage en ce moment, je me rends à moi-même, parce qu'une voix plus chere & plus ſacrée antérieure à toute autre m'oblige à ſuivre les drapeaux de mes freres. Tu ſais que la Religion commande au cœur de l'homme; que c'eſt-là que la puiſſance des Rois expire, & que le culte d'un Dieu eſt l'hommage immuable devant qui tout autre s'abaiſſe & diſparoît.

SOPHRONIE, *levant les yeux au Ciel.*

Je te bénis... il eſt Chrétien.... O mon Dieu! ce ſont-là de tes coups.

ALADIN.

Surpriſe étonnante! Et tu te perſuades encore n'être pas infidele envers ton Roi.

OLINDE.

La vraie fidélité n'eſt point un eſclavage ſervile ou ſans bornes. Je ne t'ai point vendu mon ame & ma penſée. Je t'ai prêté mon bras. Il s'eſt acquitté envers toi; il m'eſt permis ſans doute de retourner à mes freres qui reclament les ſecours que je leur dois.

ALADIN.

Un guerrier tel qu'Olinde s'eſt abaiſſé dans l'ombre à commettre un lâche attentat, recours inſenſé du plus ſtupide fanatique.

SOPHRONIE.

Ah! ne le croyez point. Il n'a point fait le coup dont il ſe vante. Il veut me ravir cette palme immortelle que j'ambitionne & qui m'a fait tout ofer. Si vous en doutez, éprouvez une ame que la mort ni les tourmens ne pourront effrayer.

OLINDE.

Et vous, Seigneur, contemplez le fexe, la douceur, la jeuneffe, le maintien timide de celle qui s'attribue ce coup hardi. Comment a-t-elle pu imaginer, ofer, exécuter une fi grande entreprife? Comment auroit-elle trompé les Gardes? Par quel moyen auroit-elle pu hafarder fes pas dans le vafte enclos de la Mofquée, franchir l'horreur des ténebres, brifer les obftacles, & d'une main tremblante & foible.... Moi feul connois les fecrets détours...

SOPHRONIE, *l'interrompant.*

Il a plu au Dieu qui donne le courage de m'élever au-deffus de moi-même. Qui ne craint que lui n'a rien à redouter. D'ailleurs ce que j'ai fait n'eft point au-delà des forces de mon fexe. Sultan, penferiez-vous qu'Olinde, entreprenant de venger la foi fe feroit borné à fe cacher nuitamment dans la Mofquée pour y déchirer un livre? Eft-ce ainfi qu'un intrépide Guerrier fe fait reconnoître? Ah! s'il eût voulu fervir la Religion, c'eft par des coups plus éclatans qu'il fe feroit annoncé; c'eft à la tête de l'armée qui l'appelle qu'il eût fignalé fon héroïfme.... Pénétrez dans fon cœur & connoiffez quel eft le zéle qui le porte à vouloir me délivrer. Il l'égare jufqu'à s'accufer lui-même.... Sa générofité même attefte fon innocence.

ALADIN.

Je demeure confondu.

OLINDE.

Ame auſſi étonnante que ſublime! tu ſais t'aggrandir encore en niant la vérité; mais elle parle, il faut qu'elle ſoit entendue. Non, Sophronie, non, j'en atteſte ton propre cœur, ce n'eſt point toi qui oſas violer la Moſquée. Abjure un menſonge magnanime; ceſſes de perſiſter dans ton deſſein..... Pardonnes... Mais tu ne mourras point je ne peux y conſentir.... Seigneur, à moi la mort, à elle la liberté....

SOPHRONIE.

Ne puis-je donc ſans toi braver la colere d'un homme, & moi auſſi je me ſens le courage d'endurer ſeule le trépas.

ISMEN.

Tous deux outragent le pouvoir ſuprême par ce défi inſultant. Tous deux s'enorgueilliſſent d'un ſacrilege aveu. Qu'on les croie tous deux, Prince, & que l'un & l'autre remportent le prix tant diſputé. Je reclame ici votre juſtice ſouveraine; épargnez à mon oreille leurs blaſphêmes impies....

ALADIN.

Soit menſonge, ſoit témérité, vous frémirez, couple perfide! Le même bucher vous unira dans ſes flammes. (*A Iſmen.*) Toi, dont l'œil perçant pénétre les plus ſombres replis des cœurs, démêle ici quel eſt le vrai coupable. Une émotion inconnue d'attendriſſement ſe fait jour dans mon ame. J'en preſſens l'effet & m'en indigne.... Pour ne pas fléchir, je détourne les yeux.

ISMEN.

Mes ſoupçons étoient-ils fondés, Seigneur?

ALADIN.

Tu me diſois vrai..... (*Il ſoupire.*) Je te les livre. Malgré ſa gloire & ſes trophées, il n'aura pas impunément bleſſé la Majeſté des Rois. (*A Olinde & à Sophronie montrant Iſmen.*) C'eſt à lui que vous devez répondre. Voilà le Juge à qui je vous abandonne. (*Il ſe retire avec toute ſa ſuite.*)

SCENE V.

ISMEN, OLINDE, SOHRONIE.

ISMEN.

PREPAREZ-vous à fléchir. Abaiſſez devant le Miniſtre des Dieux & des Rois, ce faſte extérieur dont je connois le néant & la fauſſeté. Je lis au fond de vos ames, ma clémence vous accorde un ſeul inſtant, c'eſt pour éloigner la vengeance ſuſpendue ſur vos têtes.... (*A ſa ſuite.*) Vous, veillez ſur eux, tandis que j'accompagnerai le Roi.

SCENE VI.

OLINDE, SOPHRONIE.

OLINDE.

O de toutes les vertus, merveilleux assemblage! Toi dont la présence me fait oublier celle des Tyrans, dis, pourquoi veux-tu me laisser dans la mort le tourment plus douloureux de te voir expirer avec moi? Je ne redoute que le coup qui menace tes jours. Laisse-moi mourir pour les Chrétiens, pour mon Dieu & pour toi.

SOPHRONIE.

Pourquoi viens-tu troubler les derniers instans d'une vie que je suis résolue à sacrifier; pourquoi viens-tu m'enlever ce trépas heureux que j'envie?

OLINDE.

Il m'appartient..... Crois-en l'aveu de mon cœur. J'allois livrer ma tête.... Tes pas n'ont fait que prévenir les miens. . . . Sophronie! je suis fier que mon ame ait ressemblé à la tienne : ne crois pas que ce soit l'amour qui me fasse tenir ce langage. Pour braver nos Tyrans, je n'ai point attendu que tes jours fussent en danger. J'en atteste ici le Ciel. A l'instant de cet horrible Edit j'avois conçu le même projet. Conserve la gloire de m'avoir devancé; mais ne me ravis point ce noble facrifice. Je fuis guerrier, tout mon fang doit couler pour la caufe commune.... Que mes yeux avant de fe fermer, voient tomber ces chaînes.

SOPHRONIE.

Laiffe-les moi, je les porte pour le falut des Chrétiens.

OLINDE.

Je le fuis, Sophronie! ... Nous n'avons qu'une même loi.

SOPHRONIE.

Quand je ne ferai plus, Olinde penfera-t-il de même, confervera-t-il la même foi? Eft-ce bien Dieu qui l'infpire? Eft-ce lui en effet qu'il adore? Souvent une paffion trompeufe nous aveugle & nous rend plutôt parjure que fidele.

OLINDE.

Avant de t'avoir vue, je fuivois en fecret les loix faintes du Chriftianifme. Le fang que mon pere a tranfmis dans mes veines n'eft point idolâtre, il a fignalé fon bras contre les ennemis de la foi. Belle Sophronie! l'auteur de mes jours ne t'eft pas inconnu; lorfqu'il eut entendu cette fanglante profcription, ce vénérable vieillard me dit en pleurant, en me preffant fur fon fein, meurs mon fils, meurs pour tes freres, pour la patrie! .... Vis pour le confoler, toi dont la voix adouciroit les douleurs d'un monde; ne le quitte point ce monde, il a befoin du fpectacle que tu lui offres chaque jour.... Tu ne rejoindras que trop tôt l'Etre parfait dont tu es ici bas la plus brillante image.

SOPHRONIE.

O joie! Dieu! ſoutiens ma foibleſſe. Olinde t'adore.. Il eſt né Chrétien.

OLINDE.

S'il ne l'étoit pas, un ſeul de tes regards auroit porté dans ſon cœur les vertus de ton ame.... Sophronie, en quel inſtant ma bouche oſera-t-elle avouer ce charme invincible qui depuis un an fait le bonheur & le tourment de ma vie.... Ennivré de douleur & d'amour, c'eſt ſur les bords du tombeau que pour la premiere fois j'oſe dire.... je t'aime!

SOPHRONIE.

Si tu me chéris, ſi cet amour eſt pur, s'il eſt digne de moi il faut te rendre à ce que mon cœur deſire. Sophronie te conjure de te dire innocent, de lui laiſſer mériter cette couronne qu'elle attend. On rejettera ſur l'amour tout le tranſport que tu as fait paroître. Tu conſerveras tes jours pour un combat plus important. Aſſez d'occaſions vont s'offrir pour ſignaler le zéle héroïque qui t'enflamme.... Sois aſſez grand pour oublier un penchant qu'il faut vaincre; ne ſonges qu'au ſecours dont tu priverois un Peuple malheureux. Hélas! tu deviens ſon plus ferme appui. Un mot doit te déterminer.... Ta mort ſeroit infructueuſe, & tu peux la rendre utile.

Laiſſe ... une femme eſt la ſeule victime qui convient ici ; il ne s'agit que d'attendre le coup qui doit m'immoler ; cher Olinde ne me plains point ; lorſqu'on fixe la patrie immortelle, on paſſe avec joie ſur ces rapides inſtans.

OLINDE.

Malgré l'autorité ſuprême qui t'aſſujettit tout mon être, je ne puis me réſoudre à ta volonté. . . En commandant, donne-moi donc la force d'obéir ; non, jamais, jamais. . . En te voyant expirer, mon ame malgré toi ſuivroit la tienne.

SOPHRONIE.

Olinde ! . . . je t'ordonne de vivre.

OLINDE.

Eh ! le puis-je ſans toi ?

SOPHRONIE.

C'eſt moi qui ai choiſi le trépas.

OLINDE.

Et marqué l'inſtant du mien.

SOPHRONIE.

Réſous-toi . . . le Ciel te donnera le courage de ſupporter ma perte.

OLINDE.

J'ai le courage de mourir, je n'aurai point celui de te ſurvivre.

SOPHRONIE.

Oublie-moi, ſois heureux.

OLINDE.

Heureux ! ſur cette terre où tu ne ſeras plus.

SOPHRONIE.

Olinde !

OLINDE.

Sophronie !

SOPHRONIE.

Accomplis la loi que je t'impose.

OLINDE.

Pour qui ?

SOPHRONIE.

Pour la patrie, pour un Peuple abandonné & qui n'espere qu'en toi... Olinde ! (*Elle essuie une larme.*)

OLINDE, *avec transport.*

Sophronie ! je vois couler tes larmes. . . Ne me les cache pas, chere Amante, ne me les cache pas... Elles payent ma vie. Elles augmentent l'ardeur que j'ai de me sacrifier.

SOPHRONIE.

Nos cœurs se sont permis trop de foiblesse ; nous pleurons ! Est-ce-là l'emploi d'un Héros, d'une Chrétienne ? ... Ranimons notre courage & faisons un noble effort. Implorons le secours de celui qui commande à la volonté même. Je l'invoque & je sens le calme renaître dans mon sein.

OLINDE.

Ah ! songe qu'il te reste une amie, une mere, que le désespoir les attend, que tu dois leur épargner des momens plus affreux... Et quel cœur formé aux vertus consolantes va leur servir de soutien si tu les abandonnes ?

SOPHRONIE.

Tu me parles d'un monde que je ne vois plus. Je ne t'y laisse toi-même qu'un instant, & nous ne

serons

ſerons pas longtems ſéparés; que dis-je, ſéparés ! Tu n'imagines point quel prix nous eſt offert ! Vois mon ame errante ſans ceſſe autour de toi, t'accompagnant dans la retraite; te ſervant d'Ange tutélaire; aidant la flamme de ta priere à monter vers les Cieux. Vois-moi deſcendre du Trône brillant que l'éclat environne. Je t'apparois dans ces ſonges qu'enfante un paiſible ſommeil. Sur un front radieux, je t'offrirai les traits d'une joie pure & immortelle. Je te tendrai une main favorable. Je ſouleverai à tes regards charmés un coin du voile qui dérobe aux mortels le ſéjour de l'Éternité. Alors tu t'éveilleras dans un raviſſement divin; tu diras, *ce que j'aimois eſt dans un bien meilleur monde.* A l'heure funebre où la terre te perdra; plus prompte que l'éclair, & jalouſe de t'aſſurer la même couronne, tu me trouveras près de toi. Je fortifierai ton ame; j'adoucirai pour elle ce douloureux paſſage, & lui traçant une route lumineuſe, je la conduirai moi-même aux pieds du Trône Auguſte où nous adorerons enſemble l'Etre magnifique & bon qui nous réunira pour jamais.

OLINDE.

O tendreſſe !... O Sophronie !...

SCENE VII.

OLINDE, SOPHRONIE, ISMEN, GARDES.

ISMEN, *aux Gardes.*

CONDUISEZ-là où je viens de l'ordonner... Le tems de la clémence est passé, que celui de la justice commence.

SOPHRONIE, *à Olinde.*

N'oublie point mes dernieres paroles.

OLINDE, *s'élançant vers Sophronie.*

Où vas-tu ?... Je te suis.

ISMEN.

Qu'on retienne ses pas.

OLINDE.

Barbare ! rien de juste ne peut sortir d'un cœur tel que le tien.

ISMEN.

Demeure, tu dois m'écouter.

OLINDE, *sur le devant du Théâtre.*

D'un côté le comble de la vertu, de l'autre l'excès du crime. O monstre ! Et cependant.... Ah ! gardons-nous de révéler ce qu'un pere... On l'emmene ! ô douleur !

SCENE VIII.

OLINDE, ISMEN.

ISMEN.

JE viens te porter les dernieres paroles du Sultan. Il devroit te haïr, il t'aime. Il devroit te punir, il veut te sauver. Il souffre pour toi tandis que tu l'outrages. Ton ingratitude l'attriste au lieu d'enflammer sa colere. Tu sais qu'il a versé sur toi tous les dons de sa magnificence ; il te voit chéri de l'armée entiere. C'est à regret qu'il se priveroit d'un Guerrier qu'il estime. Redeviens son ami, il t'en conjure. Aladin sait combien les préjugés influent sur des cœurs tels que les vôtres. Il ne veut point t'obliger à renoncer à ta foi. Dissimule seulement, & retiens ton bras à son service. Aladin croit à l'honneur & se fie à ta promesse ; mias abandonne un Peuple malheureux ; désavoue ce fanatique attentat que je sait bien en moi-même qu'aucun de vous deux n'a commis. On fera retomber le crime sur quelque homme vulgaire. Crois-moi, la Cour a plus d'attraits que la mort n'a d'horreur. Oublie cette Secte méprisée qui bien-tôt va s'éteindre devant les étendarts du Croissant. Héros né pour les combats, devrois-tu avoir d'autre opinion que celle qui tient à la gloire des armes, & au génie de la victoire ?

OLINDE.

Je n'ai point oublié les bienfaits d'Aladin. Porte-lui mon respect & ma reconnoissance. Il ne m'est plus permis de suivre ses drapeaux. Ce bras ne s'armera point contre mes freres. Aladin sait que je l'ai souvent touché en leur faveur. J'ai plaidé la cause de l'innocence au pied de son Trône; il m'écoutoit alors, il accueilloit la vérité qui fuit à l'approche des Monarques. Je comptois l'éclairer, ou du moins le fléchir. Tu as détruit cet ouvrage commencé sous d'heureux auspices; tu es venu, cruel! tu l'as enflammé de ton génie ardent & persécuteur. Tourne contre moi seul les coups que tu prépares aux Chrétiens. Olinde déteste la dissimulation; il n'a jamais su mentir à lui-même. Il aime sa Patrie & prodiguera son sang pour elle. Peut-être que cette Secte que tu affectes tant de mépriser, fera pâlir ses superbes ennemis. Déjà ils s'avilissent, ils arment des bourreaux contre l'innocente Beauté.... Si tu es jaloux du peu de gloire qui leur reste & qui va leur échapper, crois-moi, engage Aladin à épargner Sophronie. Cette inutile cruauté souilleroit son regne & terniroit sa mémoire.

ISMEN.

J'ai lu dans ton ame. C'est moins le zéle de ta Religion que l'amour qui te rend infidele à la cause du Trône. . . . Eh bien tu peux sauver ta Sophronie des flammes. Il ne tient qu'à toi de déterminer son sort, de le rendre fortuné. Tu peux en ce jour même la conduire au Temple triomphante & couronnée, si tu veux. . . .

OLINDE.

Arrête..... Sans redouter tes discours artificieux, je frémis de les entendre. Ta voix afflige ce cœur sincere. Olinde n'est accoutumé à traiter qu'avec des Guerriers, c'est-à-dire, avec des cœurs généreux, nobles, ouverts, sans détours & sans hypocrisie.... Je me tais en ta présence. Où est ma prison? Qu'on m'y conduise....

ISMEN.

Mais d'un esprit plus calme....

OLINDE, *avec fierté.*

Je ne t'écoute plus.

ISMEN, *aux Gardes.*

Allez, qu'on l'entraîne.

SCENE IX.

ISMEN.

JE n'ai pu ſubjuguer cette ame hautaine, & j'en ſuis flatté. Son mépris autoriſe ma fureur.... Mais que dis-je ? Sa mort & celle de cette jeune fanatique vont arrêter les fleuves de ſang que je brûlois de répandre, & la ruine entiere de ce Peuple pouvoit ſeule me flatter. Chargé de la haîne univerſelle, ce cœur ſe ſent plus ſatisfait...Si Olinde eût renoncé aux Chrétiens, il me les abandonnoit, il les livroit tous à ma vengeance. . . Du moins ce rival qui partage les faveurs du Sultan, bien-tôt ne ſera plus... Mais Sophronie plus foible pourroit être effrayée.... O quelle victoire, ſi je pouvois leur enlever cette beauté dont ils s'enorgueilliſſent.... Il faut tout tenter. . . Que ne peut la terreur du ſupplice, l'appas d'un bonheur offert, ou plutôt que ne peut un génie tel que le mien ?

Fin du troiſieme Acte.

ACTE IV.

Le Théâtre représente une Prison, & dans cette Prison une espece de cachot voûté. Il est à demi éclairé par la lueur d'une torche enflammée. Sophronie est enchaînée à un pilier. Elle est dans l'attitude d'une personne plongée dans l'extase de la priere. Le flambeau de la prison ne doit être apperçu que dans l'enfoncement; de sorte que la nuit regne sur le devant de la scene où se trouve Sophronie.

SCENE PREMIERE.

SOPHRONIE, *à genoux.*

O Dieu je te rends grace! tu m'as donné la force d'attester ton saint nom. Tu daignes me soutenir en ce moment, tu ne m'abandonneras point dans les dernieres épreuves... Je n'ai qu'à te bénir. Olinde est Chrétien! je puis l'aimer sans offenser ta loi, l'aimer & mourir... (*Elle fait une pause.*) Au milieu des ténébres qui m'environnent, un feu céleste brûle dans mon sein. Ces voûtes épaisses ne peuvent me dérober le Ciel. Je le vois; je tourne mes regards vers lui... O mon ame, tu appelles le moment, tu devances le trop lent ministère des bourreaux. Tu t'envoles déjà dans le sein du Dieu qui récompense... Mais quel saisissement me fait frissonner! je vais paroître devant le Juge de l'Univers.... Anéantis toi Sophronie, anéantis toi devant sa présence. Ton cœur n'est-il rempli que de ton Dieu ?... Ah!... mais ce Dieu est un pere tendre, il pardonne, il attend toute créature qui s'avance à lui sous l'ombre de la croix. Elance toi mon ame dans une sainte confiance, & vous miséricorde divine, faites qu'elle ne soit pas trompée.... (*Elle se prosterne les mains jointes & le front appuyé contre le pilier de la prison.*)

SCENE II.

ISMEN, SOPHRONIE.

ISMEN, *arrivant en silence & après l'avoir contemplée quelques instans.*

ELLE invoque le Christ, & semble paisible! elle croit & veut mourir; & moi qui ne crois plus, je ne suis point tranquille... Je méprise les anathêmes de ces Chrétiens, & il est des momens où ils me font frémir... J'ai secoué le joug de leur loi, mais je suis le seul d'entr'eux; & malgré mes persécutions, aucun n'osa m'imiter.... Je tiens celle-ci en ma puiſſance, il faut qu'elle change ou périſſe. (*Il déchaîne Sophronie & l'amene ſur le bord du Théâtre.*) Approche fille infortunée. Ton état m'attendrit; approche, & tu ne verras plus en moi un Juge redoutable, mais un pere indulgent & qui veut te ſauver. (*après un ſilence*) Le ſort t'a fait naître au ſein d'un culte ſuperſtitieux. On ne t'a inſtruit dès l'enfance que des erreurs dont tous les tiens ont été bercés. Si j'ouvrois à tes yeux le livre de ces cultes divers qui ſur la terre ſe diſputent la primauté, ſi je t'expliquois par quels reſſorts ſecrets ces religions d'abord obſcures ſe ſont élevées, ſe ſont répandues à grands flots ſur la face de l'Univers, tu verrois que tu te forges un Dieu d'après tes ſtériles idées; tu foulerois aux pieds une abſurde croyance; tu reconnoîtrois l'impoſture de ces dogmes trompeurs conſacrés par l'intérêt des Chefs des nations. Déchire ce crédule bandeau que le menſonge attacha ſur ton front. On a voulu t'effrayer pour mieux te ſurprendre. Je veux te conduire à la clarté que j'ai ſû découvrir à la faveur de l'âge, & hâter pour toi cette tardive lumiere. Crois-en un Prêtre qui portant autrefois l'encenſoir à tes autels, a vu de près l'idole devant qui tu te proſternes. C'eſt un champ d'illuſions que fertiliſe la fourberie. Vois ces Chrétiens nommés le peuple de Dieu, vaincus, avilis, diſperſés, chaſſés deux fois loin de ces contrées. S'ils étoient les favoris du Ciel ils ſeroient triomphans. Crois moi, les heureux Muſulmans ſeront toujours maîtres de Jéruſalem; ces murailles ſeront à jamais invincibles. Renonce à l'efpoir chimérique de voir tes freres environner ce tombeau, objet de leurs vains hommages. C'eft donc là ce fantôme que tu adores, & qui, enflammant tes efprits t'a fuggéré le deffein de venir t'immoler? Penfe-tu qu'Ifmen foit à découvrir ton impofture. Elle te paroît héroïque, elle n'eft que puérile & empreinte du fceau d'un culte extravagant. Tu voles au-devant du fupplice! mais fais-tu que tu n'as encore rien fouffert? Ces chaînes, ces cachots, que font-ils auprès de ce feu dévorant qui brûlera toutes les parties de ton corps, qui confumera avec lenteur ce fein que je ferai découvrir. Tout ton être fouffrira des tourmens inouis & tu ne pourras mourir. Il me femble déjà t'entendre pouffer d'horribles gémiffemens, te voir à demi brûlée, vouloir t'arracher du milieu des flammes, & maudire, mais trop tard, le malheureux aveuglement qui t'aura perdue... c'eft moi qui fuis le maître de ta deftinée... promets de m'obéir & je deviens ton protecteur, je te délivre d'une mort cruelle... je te comble de dons, de bienfaits... Réponds... réponds donc... as-tu bien entendu ce que ma bonté a daigné t'annoncer?

SOPHRONIE.

Je n'ai rien entendu... tes paroles qui fans doute étoient des blafphêmes n'ont frappé mon oreille que d'un bruit confus. Dieu m'a préfervée de l'horreur de les entendre. Sa grace m'environne & me défend contre toi. Tu tourmentes ton génie, mais ton génie t'aveugle... Je ne touche que du pied à cette terre où tu regnes. C'eft toi qui retiens le fragile lien qui m'empêche de voler au séjour éternel; que tardes-tu à le briser ? le bucher n'est-il pas allumé ?

ISMEN.

Quel fanatisme obstiné !

SOPHRONIE.

Ismen ! ma foible voix se refuse à réfuter tes discours... puisse Dieu t'éclairer au lieu de te punir. Je te laisserai le spectacle de mes derniers momens, ce sera là toute ma réponse. Mais songe lorsque la mort m'aura délivrée qu'elle ne sera peut-être pas loin de toi. Te flattes-tu d'avoir alors cette tranquilité que la religion donne... Superbe ! tu changeras de langage... ces momens seront affreux à ton ame épouvantée, & moi j'appelle ce trépas qui doit assurer à mes mains la palme de la victoire.

ISMEN, *avec un sourire forcé.*

J'admire comme dans ton délire insensé tu te plais à affoiblir l'idée d'un supplice réel... mais dis-moi, as-tu fait l'épreuve des tourmens que tu veux braver ? Connois-tu l'élément qui consume la douleur horrible qu'il imprime à l'ame. *(Il va prendre la torche enflammée.)* Vois ce flambeau qui nous éclaire... il n'est qu'une foible portion des pointes pénétrantes qui doivent se réunir pour te dévorer toute entiere... Eh bien soutiens-en les approches... signale ce courage intrépide ou plutôt ce faux héroïsme... *(Il avance la torche enflammée.)*

SOPHRONIE, *étendant le bras avec noblesse.*

Vois ce qu'il est quand il rend hommage à la gloire du vrai Dieu.... le supplice le plus lent... (*Elle met la main sur la flamme.*)

ISMEN, *retirant le flambeau.*

Quelle force !... elle m'atterre !

SOPHRONIE.

Tu recules, Ismen ! ton cœur pourroit être ému ; ta pitié me surprend plus que ta fureur.

ISMEN.

Réponds!... où puises-tu ce courage qui m'épouvante?...

SOPHRONIE.

Connois une Chrétienne ; son ame qui respire en Dieu peut souffrir tout pour son nom.

ISMEN, *à part en remetant le flambeau.*

Remettons-nous du trouble où nous sommes. (*haut.*) Fille courageuse ! ah ! qu'Olinde est loin d'avoir la même fermeté, d'attendre les mêmes récompenses, ou pour mieux dire, que plus éclairé il pense différemment !

SOPHRONIE.

Que dis-tu d'Olinde?... Il penseroit autrement... non, garde toi de le croire.

ISMEN.

Ame trop crédule ! Olinde né pour les honneurs les plus brillants, pour ces honneurs qui flattent la valeur même, vient d'abjurer aux pieds du Monarque un transport amoureux & passager. Il a consacré au service du Trône son bras & son épée. Rentré sous les drapeaux victorieux du Prophête...

SOPHRONIE, *tombant à demi évanouie.*

Je me meurs... voilà mon plus cruel supplice... ô mon Dieu !... mais non, vous ne l'avez pas permis. (*se relevant.*) Imposteur artificieux ! je te reconnois ; tu calomnies un héros. Va, je suis sûre de sa foi comme de la mienne... laisse mes derniers momens paisibles... commande à tes bourreaux de venir m'enlever, & que le bucher en flammes devienne l'asyle où je puisse me sauver de tes regards. (*Elle retombe foible & pâle.*)

ISMEN, *furieux.*

Tu ne mourras point comme tu l'esperes. C'est sur ton amant que je déploierai la lenteur des tortures. Je saurai te frapper dans lui. Tu entendras d'ici ses cris plaintifs & douloureux. Vois rassemblés tous les bourreaux que tu invoques, vois-les forçant son ame à ployer devant moi...

SCENE III.

ISMEN, SOPHRONIE, NICEPHORE.

NICEPHORE.

ENfin j'ai pénétré jusques dans ces lieux. Que vois-je ! Sophronie mourante, *(Il court à elle.)* Et c'est toi barbare, qui la fais expirer.

ISMEN.

Quel téméraire ! mes yeux me trompent-ils ?... Nicephore ! oui c'est lui ! la haine de mon cœur l'a nommé.

NICEPHORE.

Il te seroit permis cependant de méconnoître un des infortunés que tu persécutas. Le nombre en est si grand que tu peux aisément les confondre ou les oublier.

SOPHRONIE, *ouvre la paupiere & appercevant Nicephore court à lui.*

O vénérable vieillard ! est-ce vous qu'un Ange favorable conduit... après avoir pleuré votre mort, dans quel lieu & dans quel moment le Ciel vous ramene-t-il à nous !

NICEPHORE.

Sophronie ! ces momens extrêmes sont pour des Chrétiens les plus beaux momens de la vie.

ISMEN.

A peine échappé des cachots, penses-tu venir ici me braver impunément ?

NICEPHORE.

J'ose davantage.... Je viens tenter de réveiller en ton cœur un dernier sentiment d'humanité que la Nature y cache peut-être encore. Dis-moi, quelle infernale rage te consume ? Quel plaisir trouves-tu dans le supplice du juste & de l'innocent ? Quelle est cette soif ardente du sang des Chrétiens ? Se peut-il que tu préferes les malédictions de tout un Peuple aux larmes d'amour & de reconnoissance dont tu pourrois être l'heureux témoin ; & où est le fruit de tant de barbaries ? Tu as de l'or & du pouvoir, mais as-tu la paix & le repos ? Rentre dans ton cœur & sous cette Thiare superbe, tu te trouveras plus troublé que dans ces tems où tu vivois notre égal. Moins malheureux alors, moins tourmenté de remords, moins odieux à toi-même, flottant entre le vice & la vertu, tu ne faisois que pancher sur le bord de l'abîme, & les soupirs étoient encore permis. Aujourd'hui tombé au fond du précipice, ce sont des heurlemens de rage qui mugissent dans ton ame ; elle se peint malgré toi sur ce front ténébreux ; elle le sillonne de traits durs & sombres, & ce teint pâle & livide releve les serpens dont ton cœur est rongé.... Ah ! rappelle-toi ce jour ou devant nos Autels tu répandis des larmes de joie; ce jour où ta main après s'être levée devant l'Eternel s'abaissa pour serrer celle d'une épouse vertueuse, ce jour où tu lui juras une foi pure & qui devoit être inviolable.

ISMEN.

Qu'esperes-tu en me rappellant ces tems mêmes où j'ai puisé la source de ma haîne, & sur-tout contre toi. Oui, je ne me souviens que trop de l'obscurité dans laquelle je vivois. Tout comprimoit le ressort de mon ame. J'ai connu le néant de vos espérances imaginaires. D'autant plus orgueilleux que vous étiez foibles, vous vous nourrissiez de pompeux mensonges. Las d'être avili & confondu parmi un troupeau d'esclaves, je me suis permis une hardiesse utile; mon ambition eut pour base & mes travaux & mes talens; ils étoient faits pour m'élever; mais lorsque désertant vos Autels dépouillés, vous m'avez vu porter mes pas vers une plus brillante carriere, votre indigne jalousie a osé m'arracher la moitié de moi-même, l'épouse qui m'appartenoit, qui devoit me suivre & n'avoir d'autre loi que la mienne. Rendue rebelle par vous, elle m'a fui, elle m'a dédaigné.... Envain je l'ai cherchée..... J'apprends au bout de plusieurs années que c'est toi qui l'as recellée, qui l'as dérobée à mon amour; qu'elle est morte entre tes bras... & tu oses blâmer la fureur qui m'anime, & tu demandes encore comment je peux chérir la vengeance. Mon nom eut-il jamais un seul ami dans ta ta secte fanatique ? Je ne fais que rendre à toi, à ton Peuple la haîne qu'il me porte, & s'il avoit la puissance en main, dis, épargneroit-il mon sang ? Tu ne te plains de ma cruauté que parce que tu ne peux être cruel.

NICEPHORE.

Il étoit des poignards & des bras courageux.... Mais pense mieux d'un Chrétien, il sait pardonner & mourir. Il veut par un bienfait te punir de ta haîne... Oui, nous avons dû ravir ton épouse à l'air contagieux qui l'environnoit. Elle devoit fuir le déserteur de notre loi. Toi-même as délié les nœuds qui attachoient sa destinée à la tienne... Ah ! que ne peux-tu me montrer un reste de sensibilité, combien ton cœur pourroit s'ouvrir encore à la joie ! Ismen ! je renferme un secret capable de te rendre au bonheur, & peut-être à la vertu. Un seul instant a changé plus d'un cœur... O mon Dieu ! le dois-je révéler !... Où suis-je !... Sophronie ! . . . Quoi ! c'est Ismen qui devient ton bourreau !

ISMEN.

Il ne tient qu'à elle de me rendre son bienfaiteur.

SOPHRONIE.

Ah ! plutôt mourir mille fois ! Protecteur de mon enfance ! sauvez-moi du tourment de l'entendre. ... Vous à qui je dois tout, pour dernier bienfait, faites qu'il me conduise au lieu de mon ſupplice ; ou protégez ſeulement mes pas, je me ſens la force d'y marcher moi-même.

ISMEN.

Il n'eſt pas tems.

NICEPHORE, *à Sophronie.*

Ma fille! arrête un inſtant... S'il étoit fait pour m'entendre! J'ai bien de quoi le déſarmer.

ISMEN.

Toi!... Parle... Si tu as quelque ſecret à me révéler, je t'écoute. En me faiſant un aveu ſincere, tu me trouveras peut-être plus clément que tu ne penſes.

NICEPHORE.

Es-tu ſi altéré de ſang qu'une ſeule victime ne puiſſe te ſuffire? (*En montrant Sophronie.*) Si tu la reconnois innocente....

SOPHRONIE.

Ah, Nicephore!...

NICEPHORE.

Sophronie! je reclame en ce moment l'auguſte vérité. Garde-toi de la trahir. Iſmen! je vais te donner un témoignage qui ne ſauroit être ſuſpect. Le Guerrier qui veut mourir à ſa place n'eſt pas plus coupable qu'elle. Tous deux guidés par un héroïſme qui devroit te toucher veulent ſe ſacrifier pour la Patrie. Que te reviendra-t-il de leur ſupplice ? Qu'importe la victime pourvu que tu ayes une tête à frapper. Un témoin tel que moi doit t'être insupportable. Déclare-moi criminel. Anéantis l'homme dont le seul aspect éveille tes remords. . . C'est avec joie que j'embrasserai ces chaînes. . .

SOPHRONIE.

Vous aussi, mon pere ! . . . Laissez-les moi ; elles font ma félicité.

ISMEN.

Qu'esperes-tu, vieillard inconsidéré ? Que viens-tu me proposer? Ne sais-tu point qu'à l'instant même je puis ordonner & ton trépas & celui de tout le peuple Chrétien.

NICEPHORE.

La vengeance divine pourroit aussi prévenir tes coups ; au lieu de défier la foudre, il t'est encore permis de la détourner.

ISMEN, *avec le sourire du mépris.*

Tu me connois, Nicephore, change de langage. Est-ce ainsi que tu veux me toucher ?

NICEPHORE.

Je n'en désespere pas, ton cœur, fût-il encore plus barbare. . . Te souvient il du fruit de ton amour encore enfermé dans le sein de ton épouse au moment qu'elle te fut ravie ?

ISMEN, *ſurpris.*

Que me rappelles-tu ?

NICEPHORE.

Si le nom de pere t'eſt cher, je puis te faire connoître à qui tu peux le donner.

ISMEN.

Eh quoi, cet enfant n'a-t-il pas péri avec ſa mere ? . . .

NICEPHORE.

Non, Iſmen, non. . . Il vit, & moi ſeul peux le nommer.

ISMEN.

Tu peux le nommer. . . Il vit ! . . . Triomphe ; Nicephore ! tu viens d'ébranler mon ame. . . Parle ? Acheve. Où faut-il aller ? Où dois-je trouver ? . . .

NICEPHORE.

Demeure . . Sois inſenſible, ingrat, parjure, j'aurai fait mon devoir. . . . Trahis, ſi tu l'oſes, la Nature qui te rappelle par ma voix. . . . Approche, barbare ; fixe de plus près cette jeune fille adoptée par les Cieux. . . . As-tu pu méconnoître dans ces traits l'image de ton épouſe. . . . Pardonne, ô ma chere Sophronie ! mais voici ton pere. . . J'ai dû lui ſauver un parricide. . . . Ma fille ! on ne t'a caché l'auteur de tes jours que parce qu'il eſt Iſmen.

SOPHRONIE.

Lui ! . . . O mon Dieu !

ISMEN.

Quel trouble m'a saisi. . . . Quel coup tu me gardois ! . . . Nicephore . . . est-il vrai !

NICEPHORE.

Aussi vrai qu'Olinde est mon fils.

ISMEN.

Toi, son pere !

NICEPHORE.

Oui. . . Conserve ta haine. . . Renonce à cette heure au nom d'homme. Brûle le fils sur le corps du pere ; plonge ta fille dans les mêmes flammes ; abjure de nouveau le Dieu qu'adora ton enfance, ou tombe entre ses bras. . . . Reviens à nous, Ismen ! Ouvre ton ame à la Religion qui pardonne, au repentir qui justifie, à cette loi sainte & miséricordieuse qui fera de toi un homme nouveau. Tes forfaits sont grands, mais ils peuvent être effacés. Tous tes freres sont prêts à t'embrasser. Je ne parle point ici de reconnoissance. Voilà la médiatrice heureuse que le Ciel t'accorde pour te frayer la voie du retour. Tremble si tu rejettes un tel bienfait. . . Eh, quelles faveurs des Monarques peuvent balancer notre amour, sa tendresse & le repos de ton cœur ?

ISMEN.

Où suis-je ?

SOPHRONIE, *allant à Ismen.*

Dieu que j'implore! Vous qui me l'avez donné pour pere, faites qu'il ne soit pas votre ennemi.... Epargnez-moi l'horreur de le croire au rang des réprouvés... Mon pere! oui, je l'oserai prononcer ce nom... Il m'attendrit, il me prosterne à vos genoux; reconnoissez le Dieu que vous avez adoré si longtems. Il a choisi ce moment pour vous rappeller; il n'attend qu'un soupir vers lui... Ah! faites que mon cœur vous aime autant qu'il le doit... J'offre au Ciel des vœux pour vous; ils seront entendus!... Que ce jour soit réservé aux miracles. Pourquoi vous éloigner? Redoutez-vous mes pleurs? Mon pere.... Ah! je ne vous quitte plus; mes sanglots passeront dans votre cœur....

ISMEN, *à part & se détournant.*

Si je fléchis, que deviendrai-je?

NICEPHORE.

Tu peux tout, & tu balances! S'il te faut une victime, prends ma tête. Je te dégage de tout ce que tu me dois. Que mon fils soit délivré & je t'embrasse sous ces voûtes ténébreuses & je vole au bucher en te bénissant...... Tu hésites, tu pâlis....... Ah, Sophronie! lisons tout notre malheur dans ces regards qui se détournent.....

(Ici l'on voit des soldats, les uns portent des flambeaux, les autres sont armés de lances.)

ISMEN, *interdit à l'apparition de Clorinde.*

Clorinde s'avance.... Ah ! gardez-vous de parler.... Soldats, éloignez ces deux criminels; que personne ne les approche. (*A part.*) Nature, ambition, vengeance, que de tourmens !

SCENE IV.

ISMEN, CLORINDE, *suite de* CLORINDE.

CLORINDE.

TU traites avec bien de l'inhumanité ces infortunés dont le sexe & l'âge attendriroient tout autre que toi. N'es-tu Prêtre que pour avoir un cœur féroce, & n'offres-tu aux Dieux pour encens que les soupirs de ceux que tu tourmentes ? Tu tiens Olinde dans les chaînes, je veux lui parler.

ISMEN.

Clorinde connoit son crime, & demande à la voir.

CLORINDE.

Fais-le conduire ici.... Je l'attends.

ISMEN.

Princeſſe ! l'autorité qu'Aladin m'a confiée....

CLORINDE.

C'eſt par ſon ordre.... Obéis.

ISMEN.

Il eſt Chrétien ; & vous daignez.....

CLORINDE.

Clorinde n'eſt point faite pour répondre à tes pareils. (*A ſa ſuite.*) Vous, qu'on me laiſſe.

(*Iſmen ſort.*)

SCENE V.

CLORINDE, *seule.*

UNE fausse honte a trop longtems enchaîné ma langue.... Que le lâche déguise en tremblant les sentimens de son cœur, une grande ame ennoblit jusqu'à ses passions.... Quoi! je verrois Olinde conduit à la mort, & je n'oserois qu'étouffer mes soupirs..... Quel est donc ce joug qui prétend me captiver? La liberté de mon être sera-t-elle subordonnée à des préjugés capricieux. Quoi! les accens de la haîne & de la vengeance s'annoncent avec appareil à la face de l'Univers, & pour dire j'aime, il faudra chercher l'ombre & le mystere!.... Ce cœur indépendant n'est point fait pour adopter ces misérables loix forgées par la servitude. Il me dit qu'Olinde est né pour moi; c'en est assez..... Je hasarderai tout pour lui.... Olinde est un Héros!... Ne tremble plus, mon cœur, ne crains point de t'offrir tout entier à ses regards....

SCENE VI.

CLORINDE, OLINDE, GARDES.

OLINDE, *dans le fond du Théâtre.*

NE pourrai-je jouir de mes derniers inſtans.

CLORINDE, *aux Gardes.*

Eloignez-vous. (*Après un aſſez long ſilence.*) Eſt-ce toi? Eſt-ce-là le vengeur de la Patrie? Voilà donc la récompenſe de tes exploits? L'outrage que l'on fait à ta gloire offenſe ceux qui en ont été les témoins. Tes mains valeureuſes portent des chaînes.

OLINDE.

Elles ne deshonorent que le coupable, elles ſont la gloire de celui qui ne les porte que pour une cauſe juſte.

CLORINDE.

Je viens les briſer. Crois-tu que Clorinde demeurera ſpectatrice inſenſible de tes revers. Ta cauſe eſt la mienne. Leve cette tête que j'ai vu ſi altiere au milieu des combats. Reconnois celle qui a bravé cent fois la mort à tes côtés. Elle veut te ſauver ou périr.

OLINDE.

Clorinde hasarderoit à me défendre contre un Pontife cruel, un Monarque irrésolu, un Peuple d'ennemis. . . . . Eh qui t'excite à tant de générosité ?

CLORINDE.

Ne me le demande point, si ton cœur ne t'en instruit, si tu n'entends cette voix qui ne peut s'exprimer. . . . .

OLINDE.

Tu sais que c'est le zèle de ma Religion qui me conduit à la mort.

CLORINDE.

A la mort ! Toi ! . . . . Tu me fais frémir. . . . Non, tant que ce bras soutiendra la lance des combats. . . .

OLINDE.

Ta généreuse pitié pour un infortuné. . . .

CLORINDE.

Que dis-tu ? Ma pitié. . . . Connois-moi toute entiere. . . . . . . Je t'aime, Olinde, & mets ma gloire à t'en faire l'aveu. Heureuse, si joignant ma main à ta main triomphante, j'unissois mes destins aux destins d'un Héros. Tous deux guerriers, marchons sous les mêmes drapeaux. Nous combattrons, nous vaincrons ensemble. . . . Ne m'objecte point ta loi, mais parle, & Clorinde qui jusqu'ici ne s'est soumise à aucun joug, en adoptant le tien, ne sera plus libre de ne pas penser comme toi.

OLINDE.

Ah ! Clorinde, noble Clorinde ! Que ta pitié & ta tendresse ont droit de me toucher. . . . Laisse périr un malheureux, laisse.

CLORINDE.

Est-ce le secours de mon bras, est-ce mon amour que tu dédaignes ? . . . Ma franchise est peut-être ma seule vertu, imite-moi. . . .

OLINDE.

Adieu Clorinde. Mon devoir, & mon cœur m'entraînent vers la tombe.

CLORINDE.

Ton cœur ! . . . Arrête. . . . . Haïrois-tu celle qui ne peut que t'aimer.

OLINDE.

Moi ! te haïr. . . . Le Ciel m'est témoin de la reconnoissance dont je voudrois te payer. . . . Mais je n'ai qu'un cœur, il n'est plus à moi.

CLORINDE.

N'acheve pas, tu déchire le mien. . . . Mais quelle est donc celle qui a su me ravir un Héros tel que toi ? Qu'a-t-elle fait de grand ? Dis-moi ſon nom, ſon rang ? Nomme-moi ſes exploits ?

OLINDE.

Le bucher eſt l'autel qui doit nous unir... C'eſt là que doit périr l'objet de l'amour le plus tendre. Dans une heure la flamme te vengera de ta rivale & de moi. Nous ne formerons plus enſemble qu'une même pouſſiere. Ton ſecret ſera pour jamais enſéveli, & Clorinde oubliera le ſeul inſtant de foibleſſe qui ait ſurpris ſon cœur.... Adieu.

SCENE VII.

CLORINDE, *ſeule.*

ANéantie dans l'abîme où je ſuis deſcendue ; ſi j'exiſte encore, c'eſt pour ſentir ma honte.... Je la repouſſe envain, elle m'accable.... Tout ſemble autour de moi m'écraſer de ſon poids.... Cachez-moi, murs épais, cachez-moi s'il ſe peut à moi-même ... Clorinde ! Ah ! raſſemble en ce moment toutes les forces de ton ame.... Il ne s'agit plus d'aimer, il faut te vaincre.... Dompte l'amour, dompte l'ennemi de ta gloire..... Comme il s'eſt dérobé ! ... Il brûle pour une autre, & ce cœur eſt encore à lui... Fuis malheureuse Amante. . . . . Ensevelis à jamais une passion fatale ; ce fantôme que j'idolâtrois s'est évanoui. . . . . Triste ardeur des combats es-tu la seule qui du moins ne trompe pas. . . Ah ! viens, viens donc au défaut du bonheur enflammer & remplir toute mon ame.

Fin du quatrieme Acte.

ACTE V.

(Le Théâtre représente une place publique en face de la grand' porte de la Mosquée. On peut entrevoir l'interieur du Temple. Un bucher est élevé au milieu de la place. Les barrieres forment un demi-cercle & contiennent la foule du Peuple qu'on doit appercevoir accourir & se presser en dehors. Dans l'enceinte se trouve la suite d'Ismen ; elle environne le bucher.)

SCENE PREMIERE.

ISMEN, *sur le devant de la Scene.*

QUEL trouble me poursuit? ... Il sembleroit que je suis la victime & que ce bucher me menace. Bravons les regards de cette multitude qui m'observe. C'est par un front dédaigneux qu'on lui annonce un Maître. . . Que ce Peuple se remplisse de la terreur des supplices. Il est né pour craindre, pour servir & pour adorer. . . Mais il fut un moment où Nicéphore alloit triompher de moi. J'ai résisté à cette foiblesse dangereuse qui crioit grace dans mon ſein... Qui, moi ! rentrer ſous la chaîne des Chrétiens, reprendre un culte que j'abhorre, ramper ſous une loi dure, fléchir ſous un Dieu que j'ai trop d'intérêt à rejetter... Cependant ce cruel vieillard eſt venu m'empoiſonner l'ame.... tout, juſqu'à la vengeance, devient amer à mon cœur.... Il périra dans l'ombre, & ſon ſuperbe fils, cet ennemi ſecrettement élevé contre moi, va tomber en poudre.... Dans la carriere où je ſuis entré, il ne faut point reculer d'un pas. Eh qu'ai-je à craindre ou des Dieux ou des hommes ? Ils ſe taiſent. Ma fureur eſt juſte. Ils m'ont laiſſé ignorer que je ſuis pere. Ils ne m'ont rendu ma fille qu'après lui avoir appris à me déteſter..... Elle ne périra point... J'effrayerai ſeulement ſes regards de l'appareil du ſupplice & ſaurai bien-tôt la forcer à penſer comme moi. La molleſſe d'une Cour voluptueuſe fera plus ſur elle que l'aſpect de la mort. Quelques tems d'épreuves au milieu du luxe & des plaiſirs ; au milieu d'un monde dont elle ne ſoupçonne pas encore les attraits me la raméneront ſoumiſe... Elle ignore ſes charmes & à ſa propre ſenſibilité. Tout m'aſſure d'elle... Peut-être qu'un jour elle deviendra mon plus ferme appui auprès du Sultan.

SCENE

SCENE II.

ISMEN, OLINDE, SOPHRONIE, GARDES ET PRESTRES.

(Les barrieres s'ouvrent, des Gardes & des Prêtres amenent Olinde & Sophronie enchaînés.)

OLINDE.

LE voici ce bucher, Sophronie ! eſt-ce-là l'autel qui devoit nous unir. Eſt-ce-là la flamme qui devoit embraſer nos cœurs d'ardeurs mutuelles. L'amour me promit d'autres nœuds. . . , Si longtems ſéparés & réunis aujourd'hui pour la mort. . . Pleurée de tous, toi ſeule ne te plains point. . . C'eſt ta deſtinée qui m'afflige, ce n'eſt pas la mienne, puiſque je meurs à tes côtés. . . Ah ! dis-moi, chaſte Amante ; te ſens-tu la force d'endurer ce ſupplice ? Il ne m'eſt affreux que pour toi.

SOPHRONIE.

Mon cher Olinde ! le Ciel en ce moment m'éleve au-deſſus d'une mortelle. Je ne demande qu'à ſouffrir pour expoſer aux yeux de ce Peuple la conſtance qu'un Dieu a daigné m'accorder. Il me ſemble déjà voir une même couronne ſuſpendue ſur nos têtes & nos ames dégagées des liens terreſtres s'envoler enſemble dans le ſein du même pere.

OLINDE.

Que cette mort feroit pour moi une mort heureuſe ! que mes ſouffrances me ſembleroient douces & fortunées, ſi j'obtenois que je puſſe, le cœur preſſé ſur ton cœur, exhaler mon ame avec la tienne, & confondre ainſi nos derniers ſoupirs !

SOPHRONIE.

Ami ! l'état où nous ſommes demande d'autres penſées, & ſur des objets plus importans. Que ne t'occupes-tu plutôt à rappeller à ton eſprit ce Dieu magnifique qui prodigue ſes largeſſes à ceux qui meurent pour ſa loi... Aſpire avec joie au ſéjour de ſa gloire. Regarde le Ciel, vois comme il eſt brillant!... Regarde le Soleil cette image du Très-haut ; il nous invite à nous élancer vers lui ! Par-de-là ces Cieux qui nous environnent, vois-tu ce monde étonnant, ce monde de félicités qui déjà luit & qui s'ouvre... Suis-moi !

(*Elle marche au bucher.*)

OLINDE.

Fuyons de la vie. Iſmen s'avance.

SOPHRONIE.

Lui !

OLINDE.

Détournons nos regards & prions pour nos bourreaux.

ISMEN, *ſaiſiſſant Sophronie par la chaîne & la ſéparant d'Olinde avec effort.)*

Demeure.

SOPHRONIE, *jettant un cri.*

Olinde! On me ſépare de toi. . . Ah!

ISMEN, *aux Satellites.*

J'ai dégagé la vérité des ombres qui l'ont obſcurcie. Apprenez qu'Olinde eſt le coupable. Je ſuis leur juge; je le condamne ſeul à périr dans les flammes.

SOPHRONIE, *à Iſmen.*

Laiſſez-moi, laiſſez-moi le ſuivre. . . Je ne veux que mourir.

ISMEN, *à Sophronie.*

La grace que je t'annonce doit te préſager l'heureux avenir que ma bonté te réſerve.

OLINDE, *ſe retournant.*

Qu'ai-je entendu! eſt-il vrai? La pitié pour Sophronie deſcend dans ton cœur; heureux miracle! . . . Iſmen! puiſque tu ſauves l'innocence, j'oublie tous tes crimes. Je rends grace à mon ſort, à toi. O fortuné moment! je te benis....

SOPHRONIE.

Trop foible Olinde! quelle joie t'égare! Je perds une éternité heureuſe. Un moment dans ces flammes n'eſt-il pas préférable ? ... Il me faudra vivre en ſa puiſſance.

OLINDE.

Tu vivras pour le changer. Le Dieu qui connoît tes vertus a veillé ſur tes jours. Il a ſes deſſeins. . . . . Te réſiſtera-t-il ? A toi ! Non, le Ciel parle & te réſerve le pouvoir de le toucher.... tu conſoleras mon pere.

SOPHRONIE.

Ton pere, hélas ! . . . . . L'infortuné vieillard eſt deſcendu dans nos cachots & n'a pu amollir ſon ame. Que pourrai-je ? Il expire peut-être à cette heure ſous ces voûtes ténébreuſes que nous venons d'abandonner.

ISMEN, *aux Satellites.*

Hâtez-vous d'appaiſer le Ciel & le Monarque qui regne par lui.

OLINDE.

Nicephore en la puiſſance du barbare ! ... O mon Dieu ! mourons. (*Il monte ſur le bucher.*)

ISMEN.

Serrez ſes liens ; vous, Miniſtres de la loi ! approchez.... (*On allume les torches.*) Portez ici les flambeaux.

SOPHRONIE, *s'élançant au-devant des bourreaux.*

Arrêtez. . . Il manque une victime.

ISMEN, *la maîtrisant avec force.*

Vains efforts d'un fanatisme que tu abjureras bien-tôt...

SOPHRONIE.

Laissez-moi... Olinde, je te rejoins....

ISMEN.

Oses-tu me désobéir...

SOPHRONIE.

Au nom de ma mere, laissez sa fille retourner à elle... Elle me tend les bras... Elle m'appelle loin de ce monde.

ISMEN, *aux satellites.*

Que la flamme l'environne; qu'elle étouffe sa voix & me dérobe ses regards odieux! (*Il arrache un flambeau des mains d'un satellite & met le feu lui-même au bucher.*)

OLINDE, *tournant la tête vers son Amante.*

Sophronie, je te vois encore! Adieu, adieu pour la derniere fois. Nous ne devions pas vivre ensemble sur la terre... C'est dans le sein d'un Dieu éternel & juste que je t'attends.

SOPHRONIE, *tombant à genoux les bras tendus vers lui.*

Nous serons réunis, Olinde! Je sens que je vais expirer avec toi.

SCENE III.

CLORINDE & *les Acteurs précédens.*

(Les barrieres s'ouvrent avec un grand tumulte. Clorinde s'avance avec rapidité, & remplit le le cercle de toute sa suite. De loin elle fait signe de sa lance, & lorsqu'elle est à portée d'être entendue, elle s'ecrie d'une voix forte & majestueuse.)

CLORINDE.

ECartez ces flambeaux ! éteignez ces brandons allumés ! Que tout demeure suspendu. C'est Clorinde qui l'ordonne au nom de votre Roi.

ISMEN.

Moi seul dois ici parler & commander en son nom. . . Je vous défends. . . .

CLORINDE.

Obéissez. . . . . . (*Les soldats de Clorinde éteignent la flamme.*) O scene affreuse & révoltante ! Le défenseur de la Patrie lâchement garotté & sur le point d'être brûlé par la main des Prêtres. . . L'indignation m'enflamme. Est-ce bien là Olinde ?

OLINDE.

Ces momens sont sérieux, Clorinde ! Garde-toi

de les troubler. Mon poste est plus glorieux ici qu'au milieu des combats. Mourir n'est pas le plus grand malheur. . . Laisse-moi remporter la victoire, & si ta grande ame brule de se montrer, ose protéger Sophronie, contre son propre pere ; & vole arracher le mien aux cachots où la mort l'attend loin de moi.

CLORINDE.

Qu'entends-je? son pere! & le tien. . .

OLINDE.

Est Nicephore, un vieillard débile qui va périr ; hélas! dans les souterreins de la Mosquée.

CLORINDE, *à une partie de sa suite.*

Courez le délivrer & qu'à l'instant on l'amene à son fils.

ISMEN.

Clorinde! respectez mon Ministere ? Songez que vous êtes devant ce peuple qui demande un sang criminel. . . Redoutez.

CLORINDE.

Tremble toi-même!

ISMEN.

Téméraire! Fuyez de ces lieux marqués du sceau de la vengeance céleste. Égarée par une aveugle pitié, craignez de profaner la sainteté de ces instans redoutables. Vous n'ignorez pas le pouvoir ſuprême dont je ſuis revêtu. Miniſtre des Autels & du Trône, la cauſe Divine & humaine ſont remiſes entre mes mains. Elles ne ſeront point trahies. Ne me forcez pas à les défendre contre vous.

CLORINDE.

Impoſteur! Ma voix ſuffiroit à te confondre, mais ton audace excite ma pitié.... Tiens voilà l'ordre de ton Roi, & la grace de ces deux victimes. Innocens ou coupables, elle m'eſt accordée. C'eſt moi qui viens te la confirmer.

ISMEN, *prenant le papier.*

(*A part.*) Je te reconnois foible Aladin. (*Haut.*) Ainſi vous avez pu ſurprendre le Monarque... mais non, l'Arrêt eſt irrévocable; je ſuis l'interprête de ſa volonté; elle ne peut ſe manifeſter que par moi. Je ſaurai tenir pour lui-même ce qu'il doit à la Divinité.... Peuples tremblez! elle tonne, elle menace encore du fond de cette Moſquée, & les calamités ſuſpendues ſont prêtes à retomber ſur vous. Peuples frémiſſez! Tandis que nous délibérons, l'ennemi eſt aux portes de la Ville. Un inſtant de plus, & nos murs tombent, & ces Palais ſont en feu, & le fer moiſſonne vos femmes & vos enfans. Que vos cris repouſſent la colere des Cieux! Pour détourner la foudre, preſſez le ſacrifice que le Prophéte exige. (*On entend une rumeur mêlée de différens cris, & le Peuple paroît s'animer.*) Soldats! & vous Miniſtres des Autels, venez, approchez les flambeaux. Que craignez-vous? Embrâſez ce bucher; c'eſt la voix du Peuple, c'eſt celle de Dieu même qui vous l'ordonne.

CLORINDE, *s'avançant à la tête de ſes troupes.*

Gardez-vous d'oſer....

ISMEN, *ſoulevant le Peuple.*

Tombez en ma préſence, profane étrangere; & vous Peuple, vengez mes droits! ... Frappez.... Exterminez... (*Le Peuple ému ſe précipite en foule.*)

CLORINDE, *avec courroux.*

Ton audace a laſſé ma conſtance... Tu appelles la révolte. C'en eſt trop, céde ou frémis.

ISMEN.

Que je céde! (*Il ſaiſit un flambeau & porte la flamme au bucher.*) Eh quoi! vous reſtez... Avançons, forçons cette femme impie; que la flamme & le fer... (*Le Peuple fait un grand mouvement.*)

CLORINDE, *étend le bras avec la rapidité de l'éclair & le perce de ſa lance.*

Elle t'arrache la vie, monſtre furieux.... Expire.

ISMEN, *faiſant trois mouvemens le flambeau à la main & tombant.*

Ah!

SOPHRONIE, *elle se jette sur le corps d'Ismen.*

Mon pere ! (*La suite de Clorinde fait une évolution rapide autour du bucher & s'apprête à combattre.*)

CLORINDE.

Amis ! j'ai frappé le chef, balayez ce reste vil trop indigne de mes coups. Dispersez ce bucher, & que ses débris nagent dans le sang des bourreaux qui l'ont dressé. Laissez approcher le peuple ; qu'il voie le bras vengeur, arbitre du salut d'Olinde & prêt à le défendre, s'il le faut, contre tous les Dieux. (*Les barrieres se rompent, les Prêtres fuyent, l'enceinte se remplit d'un peuple tumultueux. On délie Olinde ; on disperse le bucher.*) (*Clorinde continue avec l'éclat de l'héroïsme, & semblable à une Divinité guerriere.*) Peuple ! je suis Clorinde : je viens dans ces lieux pour défendre avec vous vos Etats, & une Religion qui nous est commune. Ce bras servira votre cause, soit sur le champ de bataille, soit dans l'enceinte de ces murs. . . . S'il est des Dieux qui protegent l'imposture, qui favorisent Ismen, qu'ils s'expliquent, qu'ils fassent gronder leur tonnerre à l'instant même. . . . Je les appelle tous contre moi & les défie ; mais non, tous applaudissent au trépas du fourbe qu'a puni ma justice....

OLINDE.

Ah, Clorinde ! c'est toi qui me sauves de la mort !

CLORINDE.

Quel lâche abandon te l'a fait desirer? Tu sais vendre ta vie dans les batailles, & ta valeur ici reste enchaînée!

OLINDE, *allant à Sophronie.*

Sophronie! Ah, quelle douleur est dans ton ame & se peint dans tes yeux!

SOPHRONIE.

Aidez-moi à le secourir! Il faut le soulever. (*Des soldats soulevent Ismen & le posent sur quelques débris du bucker.*) Tâchons d'arrêter son sang. Son ame expirante s'arrête sur ses levres. Il ne lui faut qu'un moment, & ce moment suffit pour l'Éternité.... O suprême clémence, accorde-moi soixante années de douleur sur cette terre d'exil, & daigne l'absoudre en ce dernier instant.... Mon pere! mon pere! Il ouvre les yeux. M'entendez-vous, mon pere?... Tournez vos regards vers les Cieux. (*Avec un sentiment profond.*) Mes larmes ont appellé les siennes... Il pleure, Olinde... Une larme coule.... il est justifié.

SCENE IV.

NICEPHORE *& les Acteurs précédens.*

NICEPHORE, *conduit en triomphe.*

DIEU de Jérusalem, je te reconnois! O mes enfans!... Mais quel objet de terreur & de pitié.

OLINDE.

Approchez-vous de lui, mon pere; unissez vos prieres aux nôtres. Appellez sur cet infortuné la grace du Ciel.

NICEPHORE, *avec grandeur.*

Son état me fait oublier ses forfaits. (*Il lui pose la main sur le front & lui prend une main.*) Ismen! un seul mot, & tu répares ta vie. Rappelle ce Dieu que tu as servi dans l'innocence du premier âge. Il est miséricordieux. Implore sa clémence, il va t'ouvrir son sein. Sois repentant, sois Chrétien.

ISMEN, *avec un douloureux effort; & d'une voix entrecoupée & mourante.*

Hélas! il n'est plus tems de l'être. Ce Dieu me fait frémir. . . . Je ne demande que le néant, & crains trop qu'il me soit refusé.... L'horreur m'environne, & c'eſt vous qui me ſecourez... O ma fille!

NICEPHORE.

Que Dieu te pardonne comme nous te pardonnons! Nous te plaignons, nous prions pour toi... Nous haïrois-tu encore?

ISMEN.

Que me rappellez-vous? C'eſt un autre que moi qui vient de me ſuccéder. Iſmen vivant eſt un ſpectre qui me glace d'effroi. Qu'il s'éloigne.... Le flambeau qui m'éclaire me montre ce que j'étois. Ah! que n'ai-je eu plutôt le regard d'un mourant! (*Il éleve un peu plus la voix, & Clorinde qui s'approche ſe trouve à la tête du peuple & des ſoldats, enſemble confondus.*) Clorinde! toi qui dans cet inſtant redoutable parois devant moi comme l'Ange de la mort, reçois l'aveu que je dois faire publiquement. Aucun d'entre les Chrétiens n'eſt coupable du viol de la Moſquée... Mes mains ont déchiré cet Alcoran pour en rejetter ſur eux toute la vengeance... Incrédule... Hypocrite.... Barbare... En opprimant les hommes, c'eſt moi que j'ai trompé.

SOPHRONIE, *pouſſant un cri douloureux.*

Il ſe meurt! (*Elle ſe met en prieres, tandis qu'Olinde eſt attaché au mourant & que Nicephore le ſoulage avec ſon fils.*)

CLORINDE, *au Peuple.*

Témoins de ſon dernier aveu, allez porter au Roi ce que vous venez d'entendre. Que le reſte du Peuple en ſoit inſtruit. (*Aux ſiens.*) Vous, ſéparez-les de ce corps qui va ſe glacer. (*On emporte le corps d'Iſmen.*) Olinde ! je te rends à ton pere, à Sophronie. Allez enſemble rejoindre l'armée de Godefroi. Aladin craint de garder près de ſoi tant de vertus unies. La foule des Chrétiens doit ſortir des frontieres de la Paleſtine. Tel eſt l'ordre d'un Monarque abſolu. Il ne garde dans ſon Empire que le ſexe qui a la foibleſſe pour partage & les timides enfans. Partez ſous l'eſcorte des miens. Ils vous ſauveront de toute main perfide.

NICEPHORE.

Révolution inattendue ! Mon fils ! O ma fille ! vous vivrez époux.

OLINDE.

Magnanime Clorinde ! mes regards confus n'oſent ſe lever vers toi !...

CLORINDE.

Fuis, Olinde, fuis ! la fortune nous nomme ennemis. C'eſt à moi, s'il ſe peut, de dédommager les Sarrazins de ta perte. Je ne me vengerai que trop peut-être ſur cette armée qui t'arrache aux anciens compagnons de tes exploits. Mais vous, deſtinée terrible & meurtriere, deſtinée aveugle qui préſidez au ſort des batailles; qui, dans l'horreur des combats, précipitez les Guerriers l'un contre l'autre!... ah! gardez-vous du moins de m'oppoſer Olinde.

Fin du cinquieme & dernier Acte.

APPROBATION.

J'Ai lû, par ordre de Monſeigneur le Chancelier, *Olinde & Sophronie*, Drame héroïque, & je n'y ai rien trouvé qui pût en empêcher l'impreſſion. A Paris ce 29 Novembre 1770. CREBILLON.

www.ingramcontent.com/pod-product-compliance
Ingram Content Group UK Ltd.
Pitfield, Milton Keynes, MK11 3LW, UK
UKHW020920180726
13838UKWH00002B/670